Franz Schall

Best-Performing CEOs

Die Erfolgsfaktoren von CEOs im deutschen und österreichischen Kapitalmarkt

Bibliografische Information der Deutschen Nationalbibliothek:

Die Deutsche Nationalbibliothek verzeichnet diese Publikation in der Deutschen Nationalbibliografie; detaillierte bibliografische Daten sind im Internet über http://dnb.d-nb.de abrufbar.

Impressum:

Copyright © Studylab 2018

Ein Imprint der Open Publishing GmbH, München

Druck und Bindung: Books on Demand GmbH, Norderstedt, Germany

Coverbild: Open Publishing GmbH | Freepik.com | Flaticon.com | ei8htz

Inhaltsverzeichnis

Abstract 5

Zusammenfassung 6

Abkürzungsverzeichnis 7

Abbildungsverzeichnis 8

Tabellenverzeichnis 9

1 Einleitung 10

    1.1 Problemstellung 10

    1.2 Zielsetzung und Relevanz 12

    1.3 Vorgehensweise 13

    1.4 Aufbau der Arbeit 15

2 Eine Klassifizierung zur Messung der CEO Performance 16

    2.1 Der Untersuchungsgegenstand CEO 16

    2.2 Sichtweise interner Stakeholder 18

    2.3 Sichtweise externer Stakeholder 22

    2.4 Zusammenfassende Klassifizierung 25

    2.5 CEO Charakteristiken – Hypothesenentwicklung 28

3 Methodik 37

    3.1 Ausgangssituation und Rahmenbedingungen 37

    3.2 Forschungsdesign und Forschungsprozess 37

4 Ergebnisse 45

    4.1 Deskriptive Beschreibung des Datensets 45

    4.2 Hypothesentestung 52

5 Diskussion **63**

    5.1 Diskussion des Rankings 63

    5.2 Diskussion der Hypothesen 67

6 Conclusio **75**

    6.1 Ergebnisse 75

    6.2 Implikationen und weiterer Forschungsbedarf 77

Literaturverzeichnis **79**

Anhang **93**

    Anhang A: Deskriptivstatistiken 93

Abstract

The study gives an overview and a classification of different ways to measure CEO performance. As part of the investigation, a ranking of the most successful CEOs - from the perspective of investors - in the German and Austrian capital market was created. The ranking was used to study a range of characteristics of the CEOs and their relationship associated with the performance. The results show a significant negative correlation between CEO age and performance. A correlation between sex, age, firm-ownership or education and a CEO's performance could however not be confirmed. In the final chapter the results of the empirical study are discussed, before possible implications for future studies are considered.

Keywords: CEO Performance, CEO Characteristics, Capital markets Germany & Austria, CDAX, WBI

Zusammenfassung

Die Arbeit gibt einen Überblick sowie eine Klassifizierung verschiedener Möglichkeiten, die Performance von CEOs zu messen. Im Rahmen der Untersuchung wurde eine Rangliste der erfolgreichsten CEOs im deutschen und österreichischen Kapitalmarkt aus Sicht von Investoren erstellt. Diese Rangliste diente dazu, ausgewählte Charakteristiken der CEOs zu erheben und deren Zusammenhang zur Performance zu messen. Die Ergebnisse zeigen einen signifikant negativen Zusammenhang des Alters der CEOs mit deren Performance. Ein Zusammenhang zwischen dem Geschlecht, dem Alter, der Beteiligung am geführten Unternehmen sowie der Ausbildung der CEOs und ihrer Performance erwies sich als statistisch nicht signifikant. Im Abschlusskapitel werden mögliche Erklärungen für die Resultate der empirischen Untersuchung vorgestellt, bevor auf mögliche weiterführende Fragestellungen eingegangen wird.

Schlagwörter: CEO Performance, CEO Charakteristiken, Kapitalmarkt Deutschland & Österreich, CDAX, WBI

Abkürzungsverzeichnis

ATX	Austrian Traded Index
CDAX	Composite DAX
CEO	Chief Executive Officer
CF	Cash-Flow
DAX	Deutscher Aktienindex
EBITDA	Earnings before Interest and Taxes, Depreciation and Amortization
FCF	Free Cash Flow
M&A	Merger and Acquisition
ROA	Return on Assets
ROE	Return on Equity
ROIC	Return on Invested Capital
ROS	Return on Sales
RPE	Relative Performance Evaluation
TMT	Top-Management Team
UET	Upper Echelon Theorie
WBI	Wiener Börse Index

Abbildungsverzeichnis

Abbildung 1: Upper Echelon Perspektive 17

Abbildung 2: Wichtigste Performancekennzahl aus Sicht des Aufsichtsrates 19

Abbildung 3: Hauptkategorien für die Leistungsbeurteilung des CEOs 20

Abbildung 4: Finanzielle Leistungsindikatoren 21

Abbildung 5: Kursentwicklung ATX 2000-2007 24

Abbildung 6: Kursentwicklung ATX 2007-2014 24

Abbildung 7: Übersicht über die verwendete Stichprobe 39

Abbildung 8: Histogramm CEO Alter 47

Abbildung 9: Histogramm Gewichtete Performance 50

Abbildung 10: Deskriptiv-Statistik Industriegruppen 51

Abbildung 11: Normalverteilungs–Test CEO Alter 94

Abbildung 12: Normalverteilungs–Test Gewichtete Performance 95

Abbildung 13: Normalverteilungs–Test CEO Anteil Höhe (ohne 0%) 96

Tabellenverzeichnis

Tabelle 1: Zusammenfassende Klassifizierung der CEO Performance Indikatoren 27

Tabelle 2: GICS Industriegruppen 41

Tabelle 3: Zusammenfassung der Untersuchungsvariablen 44

Tabelle 4: Deskriptiv-Statistik Lage- und Streuungsmaße 48

Tabelle 5: Deskriptiv-Statistik CEO Ausbildung 49

Tabelle 6: Deskriptiv-Statistik Länderindex 52

Tabelle 7: Deskriptiv-Statistik CEO Geschlecht 53

Tabelle 8: Pearson Korrelation Ergebnis 55

Tabelle 9: Ergebnisse H4 (1) 57

Tabelle 10: Ergebnisse H4 (2) 58

Tabelle 11: Ergebnisse H4 (3) 59

Tabelle 12: Ergebnisse H5 (1) 60

Tabelle 13: Ergebnisse H5 (2) 60

Tabelle 14: Ergebnisse H5 (3) 61

Tabelle 15: Übersicht über alle Hypothesen 62

Tabelle 16: Vergleich der Top 10 mit restlichen CEOs 67

Tabelle 17: Normalverteilungs–Test 93

1 Einleitung

1.1 Problemstellung

Was macht einen guten Chief Executive Officer (CEO) aus? Oft wird Geschäftsführern vorgeworfen, lediglich auf kurzfristige Ergebnisse fokussiert zu sein. In der Presse werden vor allem die großen, bekannten Unternehmen, die an der Börse notieren oder in einem Index enthalten sind, thematisiert. Vorstände großer multinationaler Konzerne scheinen regelmäßig und in großer Zahl in der Liste der einflussreichsten Personen der Welt auf (Fortune, 2017). Es wurde auch bereits dargelegt, dass die Popularität eines CEOs wesentlichen Einfluss auf den Shareholder Value hat (Gaines-Ross, 2000). Gerade in den Vereinigten Staaten von Amerika folgen Vergütung, Status und Presseberichterstattung von Managern einer stark verzerrten Verteilung: eine kleine Anzahl von "Superstars" genießt den Großteil der Aufmerksamkeit (Malmendier/Tate, 2009). Es gilt als bewiesen, dass sich die Persönlichkeit von CEOs auch erheblich von anderen Top Managern und Managerinnen unterscheidet. Sie gelten als weniger neurotisch jedoch als deutlich gewissenhafter verglichen mit anderen Führungskräften innerhalb der Organisation (Palaiou/Furnham, 2014). Doch sind es schlussendlich wirklich die Manager, die für den Unternehmenserfolg verantwortlich sind? Studien zeigen, dass Leadership-Skills von CEOs als essentiell angesehen werden wenn es um die Revitalisierung von Organisationen geht und als ebenso wichtig für das Top Management von großen Organisationen (Waldman/Ramírez/House et al., 2001, zitiert nach Tichy & Devanna, 1986 und Katz & Kahn, 1978). Doch wie stark ist der Einfluss der Manager und Managerinnen wirklich auf die Unternehmensperformance?

Wassermann et al. (2001) zeigen, dass die Auswirkungen der CEOs auf den Unternehmenserfolg stark von der Branche abhängig sind und dass sie den größten Einfluss haben, wenn der Pool an möglichen Kandidaten beschränkt ist oder sie über ausreichend Ressourcen verfügen. Die Studie von Mackey (2008) kommt zu dem Ergebnis, dass der „CEO Effekt" unter gewissen Gegebenheiten signifikant stärker als Brancheneinflüsse ist. Neue Studien zeigen einen generell substanziellen Anstieg des „CEO Effekts" über die letzten Jahrzehnte (Quigley/Hambrick, 2015). Des Weiteren, zeigt eine Studie, dass große Unterschiede zwischen einzelnen Ländern beobachtbar sind. Basierend auf einer theoretischen Betrachtung von drei fundamentalen Institutionen auf nationaler Ebene - nationale Werte, vorherrschende Unternehmensstrukturen und Führungsstrukturen – wird argumentiert, dass CEOs in verschiedenen Ländern systematisch unterschiedlichen Einschränkungen ihrer Handlungsspielräume ausgesetzt sind und dadurch der Grad an Wirkung auf die Unternehmensleistung moderiert wird. Die Ergebnisse liefern robuste Bestätigungen dafür, dass die Wirkung von CEOs auf die Firmenleistung – positiv sowie negativ – in US-Firmen wesentlich größer als in deutschen und japanischen Firmen ist (Crossland/Hambrick, 2007).

Viele Literaturquellen greifen die Thematik auf, wie der Erfolg eines Managers zu messen ist. William N. Thorndike wählt in seinem Buch „The Outsiders: Eight Unconventional CEOs and Their Radically Rational Blueprint for Success" folgenden Zugang. Laut Thorndike werden zur Messung der Performance lediglich drei Indikatoren benötigt: die jährliche Durchschnittsrendite inklusive Dividenden während der Amtszeit, die Renditen von vergleichbaren Unternehmen und die Performance des gesamten Aktienmarktes während derselben Periode. Er beschreibt anschließend anhand von Fallstudien, auf welche Methoden jene CEOs zurückgreifen, die anhand seiner Messgrößen als besonders erfolgreich einzustufen sind (Thorndike, 2012). Einen ähnlichen Ansatz verfolgen Forscher der INSEAD Business School bereits mehrmals in Studien, welche, zuletzt im Jahr 2017, in der Harvard Business Review veröffentlicht wurden (McGinn, 2017). In deren Untersuchung werden drei ähnliche Kennziffern verwendet um die finanzielle Performance zu messen, jedoch wurden diese zusätzlich um qualitative Faktoren ergänzt. Diese Vorgehensweise, Kennzahlen der Unternehmensperformance als Proxy für die Leistung des CEOs heranzuziehen, ist durch die Upper-Echelon Theorie theoretisch begründbar (Hambrick, 2007; Hambrick/Mason, 1984). Andere Rankings leiten sich unter anderem von Umfragen der Mitarbeiter ab (Glassdoor, 2017), Bloomberg erstellt ein Ranking auf Basis der „Pay-for-Performance ratio" (Meisler/Zhao, 2016) und Unicepta analysiert Zeitungsartikel hinsichtlich positiver Berichterstattungen (Unicepta, 2017).

Die Erstellung eines Rankings der erfolgreichsten CEOs kann jedoch nur ein erster Schritt sein. Um ein besseres Verständnis zu erhalten, müssen weitere Fragen geklärt werden. Welche Charakteristiken können für den Erfolg ausschlaggebend sein? Warum sind gewisse CEOs erfolgreich und andere nicht? Wie und mit welchen Methoden haben es die genannten CEOs an die Spitze geschafft? Welche Wirkung entfalten unterschiedliche Managementwerkzeuge und welche werden eingesetzt? Da im Rahmen dieser Arbeit nicht alle Fragen beantwortet werden können, wird eine Auswahl an Charakteristiken untersucht. Ziel ist es, ein Verständnis dafür zu schaffen, welche kritischen Charakteristiken von den erfolgreichsten Managern und Managerinnen geteilt werden.

1.2 Zielsetzung und Relevanz

Eine immer größere Anzahl von Rankings greift die Frage nach den besten CEOs auf. Die Zugänge bei der Erhebung könnten dabei nicht unterschiedlicher sein. Dabei ist es wichtig zu verstehen, wie Performance gemessen werden kann, wer der Ersteller der Beurteilung ist, welche Zielgruppe bzw. welcher Adressatenkreis angesprochen wird und welche Kategorien gebildet werden können. Gerade in der wissenschaftlichen Diskussion werden verschiedenste Leistungsparameter und Kennzahlen zur Messung der CEO bzw. Unternehmensleistung herangezogen. Beispielsweise ist es für Investoren maßgeblich, das Management eines Unternehmens in die Analyse und den Bewertungsprozess miteinzubeziehen Mauboussin (2007), dieser Perspektive soll im empirischen Teil Rechnung getragen werden. Eine Studie von Quigley et al. (2017) zeigt, dass Aktionäre, vielleicht die finanziell motiviertesten Stakeholder, CEOs als zunehmend wichtige Faktoren für gute und schlechte Unternehmensperformance im Vergleich zu ihren Kollegen aus früheren Jahrzehnten betrachten. Bemerkenswerterweise hat die Reaktion des Marktes auf den unerwarteten Tod eines CEO in den letzten sechs Jahrzehnten stetig zugenommen, was die Bedeutung der Nachfolgeplanung unterstreicht. Die Autoren heben auch hervor, dass die zunehmende Wertschätzung der Aktionäre für ihre CEOs zumindest teilweise auch die extrem hohen Vergütungen der heutigen Top-Manager unterstützt. Auch in Österreich werden diverseste Rankings und Erhebungen über Vorstandsvorsitzende erstellt. Beispielsweise ermittelte das Industriemagazin in Zusammenarbeit mit Netzwerkanalytikern von FASresearch eine Rangfolge der mächtigsten und einflussreichsten Manager Österreichs (Fragner, 2017). Auf diesen Überlegungen aufbauend, ist es das Ziel dieser Arbeit, herauszufinden, anhand welcher Kriterien CEO Performance gemessen werden kann und in weiterer Folge inwiefern Beurteilungen erstellt werden können. Anschließend soll – aus Investoren Sicht – ein Ranking der CEOs österreichischer und deutscher Unternehmen erstellt werden, um zu analysieren, welche Charakteristiken diese Manager und Managerinnen teilen. Insbesondere sollen die Zusammenhänge zwischen den CEO Charakteristiken Geschlecht, Alter, Betriebszugehörigkeit, Besitzanteil am Unternehmen und der Ausbildung mit der CEO Performance untersucht werden.

Die im Rahmen dieser Arbeit zu beantwortenden Forschungsfragen lauten wie folgt:

Forschungsfrage 1:

Welche Faktoren & Kennzahlen zur Beurteilung der CEO Performance können herangezogen werden und wie lassen sich diese klassifizieren?

Aufbauend auf der ersten Forschungsfrage, wird in weiterer Folge untersucht, welches Bild sich für Österreich und Deutschland zeigt:

Forschungsfrage 2:

Welche Manager österreichischer und deutscher Unternehmen haben während ihrer Amtszeit außerordentliche Performance im Vergleich mit der jeweiligen Branche sowie dem Gesamtmarkt (WBI bzw. CDAX) gezeigt?

Welche Zusammenhänge lassen sich zwischen den Charakteristiken Geschlecht, Alter, Dauer der Betriebszugehörigkeit, Besitzanteil am Unternehmen und Ausbildung und der CEO Performance beobachten?

Die Charakteristiken aus der zweiten Forschungsfrage werden im Unterkapitel 2.5 aus der Literatur abgeleitet und anschließend in Form von Hypothesen im empirischen Teil der Arbeit getestet. Die Relevanz zur Untersuchung dieser Charakteristiken ergibt sich daraus, dass viele Studien in den USA durchgeführt wurden, dort jedoch andere Rahmenbedingungen herrschen. Beispielsweise wird der Anteil an Aktien der CEOs in Amerika wesentlich durch die Höhe der Managementvergütung bestimmt, während in Kontinentaleuropa oftmals Familieneigentum der Hintergrund ist (Kaserer/Moldenhauer, 2007).

1.3 Vorgehensweise

Um die Forschungsfragen zu beantworten, wird im ersten Teil dieser Arbeit der für die Themenstellung relevante aktuelle Stand der Forschung dargelegt. Die strukturierte Literaturaufarbeitung dient als Grundlage, um das empirische Forschungsdesign zu entwickeln. Im Kapitel 2 sollen die Merkmale erläutert werden, die für die empirische Untersuchung benötigt werden. In diesem Teil liegt der Fokus auf bisherigen Ansätzen zur Messung der CEO Performance, der Erstellung von CEO Rankings und der theoretischen Grundlagen zur Formulierung der Hypothesen. Für diese Vorgehensweise spricht, dass zu vielen zu bearbeitenden Bereichen bereits eine Fülle an Literatur vorhanden ist, die – richtig strukturiert – zu einem Erkenntnisgewinn führen kann. Unter anderem existieren zum Beispiel eine große Zahl an Studien betreffend der CEO Leistungsbeurteilung im Rahmen der Vergütungspolitik, die es gegeneinander abzuwiegen gilt. So kann ein vollständigeres Bild der Situation geschaffen werden. Die Literatur wurde mit Hilfe des Schneeballsystems und der SQR Methode recherchiert. Das vorliegende Material setzt sich vor allem aus Fachzeitschriftenartikeln zusammen, zusätzlich wurden Fach- und Lehrbücher als Grundlagenwerke verwendet. Bedeutende Quellen sind jedoch auch diverse Fachmagazine wie das Harvard Business Review. Dies lässt sich durch den externen Blick der Fachpresse auf die Leistung der CEOs begründen, ebenso sind diese Magazine oftmals die Ersteller von spezifischen Ranglisten. Weitere Quellen sind Studien bzw. Publikationen von verschiedensten Beratungsunternehmen, diese beinhalten meist Umfragen und sind aufgrund der Aktualität besonders interessant.

Um im zweiten Teil der Arbeit die Performance der CEOs in Österreich und Deutschland zu messen, wird ein an die INSEAD-Studien angelehnter Ansatz gewählt. In einem ersten Schritt werden sämtliche Unternehmen, die per 31.12.2017 an den Börsen in Österreich und Deutschland notieren, einbezogen. Um die Leistung der amtierenden CEOs langfristig beschreiben zu können, sollen lediglich jene ausgewählt werden, die ihre Funktion seit mindestens 5 Jahren (Antrittsjahr 2012 oder früher) innehaben. Anschließend wird der Total Return dieser Periode ermittelt und um die Branchen- bzw. Gesamtmarkteffekte bereinigt. In einem weiteren Schritt werden sowohl für den Total Return als auch für die Outperformance der Branche und des Gesamtmarkts ein Ranking erstellt. Ein gesamthaftes Ranking der erfolgreichsten Manager wird anhand einer Durchschnittsgewichtung der drei Rangfolgen erstellt anhand dessen sich die Outperformance ablesen lässt. Eine detaillierte Beschreibung folgt im Kapitel 3. Zusätzlich zu den erhobenen Performance-Daten werden weitere Charakteristika der Führungskräfte und der Unternehmen erhoben, die abschließend in Bezug zu der finalen Platzierung des Rankings gesetzt werden. Um die Daten zu sammeln, wird auf Datenanbieter wie Thomas Reuters Eikon, Bloomberg, Datastream und Orbis zurückgegriffen. Da die Datensätze oftmals nicht vollständig abgefragt werden können, werden Geschäftsberichte bzw. die Investor Relations Internetseiten herangezogen, um den Datensatz zu vervollständigen.

1.4 Aufbau der Arbeit

Nach dieser kurzen Einführung in die Problemstellung und der Erläuterung der Forschungsfragen beginnt der Hauptteil der Arbeit.

Basierend auf dem aktuellen Stand der Forschung, wird im nächsten Kapitel eine Klassifikation zur Messung der CEO Performance dargestellt und diskutiert. Diverse Ersteller bzw. Adressaten von CEO Beurteilungen sowie spezifische Kennzahlen sind zentrale Themen, die diskutiert werden. Das Kapitel ist die Grundlage des empirischen Teils dieser Arbeit. Zudem wird bereits die erste Forschungsfrage durch gründliche Aufarbeitung der Primär- und Sekundärliteratur beantwortet. Im dritten Kapitel wird der Blickwinkel auf die Methodik der empirischen Erhebung gelenkt. Hier liegt das Augenmerk bereits auf der Beantwortung der zweiten Fragestellung, indem dargelegt wird wie die Daten gesammelt, erfasst und analysiert werden. Anschließend werden im vierten Kapitel die Ergebnisse der empirischen Untersuchung vorgestellt, bevor im fünften Abschnitt eine Diskussion der Resultate angestoßen wird. Nachdem die Erhebung und anschließend erstellte Rangfolge die Frage „Welche CEOs erzielten eine überdurchschnittliche Performance" erläutert, beschreibt der darauffolgende Teil der Untersuchung, welche Charakteristiken von erfolgreichen Führungskräften geteilt werden. Dazu sollen die erfolgreichsten CEOs detaillierter betrachtet werden, um ein Muster zu erkennen. Schlussendlich werden in der Conclusio die Forschungsfragen und Ergebnisse zusammengefasst, Implikationen und der weitere Forschungsbedarf dargelegt sowie ein kompakter Ausblick gegeben.

2 Eine Klassifizierung zur Messung der CEO Performance

Dieser Abschnitt soll einen Überblick über den aktuellen Forschungsstand in Hinblick auf die erste Forschungsfrage geben. Die recherchierte Literatur wird kritisch gewürdigt, um auf die entsprechenden Theorien aufbauen zu können. Zu Beginn wird der Untersuchungsgegenstand beschrieben und die Herangehensweise der Untersuchung begründet. Im zweiten Teilkapitel wird eine Klassifizierung von Performance Kriterien aus unternehmensinterner Sicht erstellt, während im dritten Teil ein externer Blickwinkel eingenommen wird. Speziell die erarbeiteten Indikatoren aus Sicht von Investoren sollen anschließend im empirischen Teil als Argumentationsgrundlage zur Erstellung einer Rangliste dienen. Im vierten Teilkapitel folgt eine zusammenfassende Klassifizierung und somit die Beantwortung der ersten Forschungsfrage. Im letzten Teilkapitel werden ausgewählte CEO Charakteristiken theoretisch abgeleitet und Hypothesen formuliert.

2.1 Der Untersuchungsgegenstand CEO

Welche Rolle spielen CEOs in Hinblick auf die Unternehmensleistung? Um diese Frage zu beantworten, hat die Management-Forschung in den letzten Jahrzehnten eine beträchtliche Menge an Forschungsoutput produziert, der auf der Upper-Echelon-Theorie (UET) aufbaut. Diese besagt, dass CEO-Merkmale sich in strategischen Handlungen und auf diese Weise in der Zukunft in der Unternehmensperformance manifestieren (Wang/Holmes/Oh et al., 2016). Laut dieser Theorie gewinnen persönliche Management-Charakteristiken wie zum Beispiel das Alter, die Amtszeit oder der Ausbildungshintergrund der CEOs mit zunehmendem Komplexitätsgrad einer Entscheidung an Bedeutung. Strategische und strukturelle Entscheidungen eines Managers werden somit beeinflusst, dies hat in weiterer Folge wesentliche Auswirkungen auf die Unternehmensstrategie und die Performance der Organisation (Nielsen, 2010). Darüber hinaus betont die UET, dass Führungskräfte, die sich durch begrenzte Rationalität auszeichnen, Entscheidungen treffen, die auf ihren kognitiven, sozialen und physiologischen Eigenschaften basieren (Ting/Azizan/Kweh, 2015). Da Kognitionen, Werte und Wahrnehmungen schwer zu messen sind, beruft sich die UE-Perspektive auf frühere Demographieforschung und verwendet Eigenschaften der Führungskräfte als angemessene Stellvertreter. Die folgende Abbildung fasst zusammen, wie sich die Eigenschaften des Managements auf die strategischen Entscheidungen der Unternehmen auswirken.

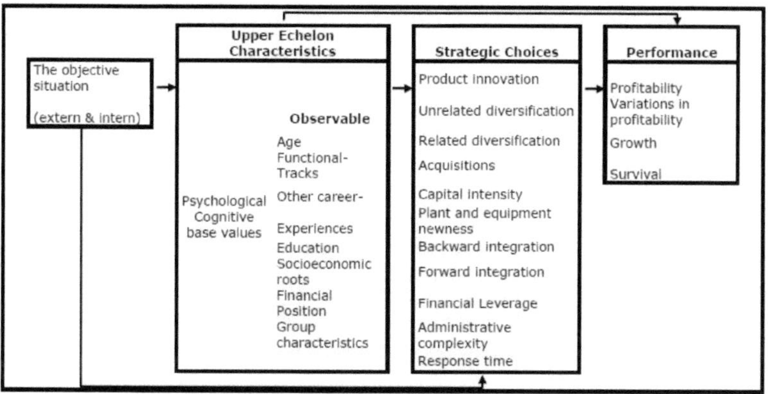

Abbildung 1: Upper Echelon Perspektive

(Quelle: Hambrick/Mason, 1984)

Die linke Seite des Modells von Hambrick und Mason (Abbildung 1) zeigt die interne und externe Situation der Organisation. Managementmerkmale wie Alter, Funktionshintergrund und Bildungserfahrungen werden als beobachtbare Proxys für die psychologischen Konstrukte verwendet, die die Interpretation der internen und externen Situation des Teams formen und die Formulierung geeigneter strategischer Alternativen erleichtern. Die herausragende Rolle von psychologischen Konstrukten, wie Werten und Wahrnehmungen, wird auf eine beschränkte Rationalität der Führungskräfte zurückgeführt. Mit anderen Worten, angesichts Entscheidungsherausforderungen wie Informationsüberflutung, mehrdeutigen Hinweisen und konkurrierenden Zielen wird die Wahrnehmung diversester Reize durch kognitive Grundlagen und Werte der Führungskräfte gefiltert und interpretiert. Folglich postulieren Hambrick und Mason, dass sich der Einfluss der Demographie auf kognitive Prozesse in strategischen Entscheidungen bzw. Ergebnissen zeigt. Die dritte Box enthält daher eine Reihe strategischer Variablen, von Innovation bis zur Reaktionszeit, von denen erwartet wird, dass sie die Eigenschaften des Führungsteams widerspiegeln. Schließlich prognostiziert das Modell, dass die sich daraus ergebende organisatorische Leistung, die sich entlang einer Reihe von Faktoren von der Rentabilität bis zum grundlegenden Überleben des Unternehmens misst, letztendlich beeinflusst wird.

Die ursprüngliche UE-Perspektive zeichnet sich durch eine Reihe wichtiger Merkmale aus. Das zugrundeliegende UE-Framework ist ein lineares, das Management entscheidet wie auf eine bestimmte Situation reagiert werden soll, die Überlegungen des Managements führen zu strategischen Entscheidungen, diese

Entscheidungen beeinflussen die Performance. Die Verknüpfungen, die die Situation direkt mit den Merkmalen und strategischen Entscheidungen der UE verbinden, werden nicht explizit angesprochen, obwohl ausgewählte Vorschläge Kontingenzvorhersagen enthalten, die diese beiden letzten Pfeile implizit einbeziehen (Carpenter/Geletkanycz/Sanders, 2004).

Im Rahmen der Arbeit sollen auf Basis der Upper-Echelon-Theorie Kennzahlen der Unternehmensperformance zur Messung der Leistung von CEOs herangezogen werden. Dies ist insbesondere von Relevanz, da bis dato keine derartigen Untersuchungen für Österreich und Deutschland durchgeführt wurden. Zuvor sollen die unterschiedlichen Sichtweisen (intern vs. extern) auf die Performance der CEOs beleuchtet werden.

2.2 Sichtweise interner Stakeholder

In einem Artikel im Harvard Business Review schildert Stephan Kaufmann seine Eindrücke aus der Zeit als CEO von Arrow Electronics. Laut Kaufmann schockierte ihn der Umstand, dass er während er die Karriereleiter aufstieg, intensive Beurteilung durch Vorgesetzte bekam, als er jedoch CEO wurde, die Beurteilung plötzlich rasch und oberflächlich ausfiel (Kaufman, 2008). Ebenso liefert eine Metastudie von Tosi et al. (2000) Hinweise, dass die Gesamtvergütung der CEOs nur zu einem sehr geringen Anteil von der Performance abhängt (<5%) und vielmehr von der Größe des Unternehmens (>40%). Als objektiviertes Mittel, um den Vorstand zu bewerten bzw. die Leistung zu messen, schlagen Welge und Eulerich (2014) eine Management Scorecard vor. Die Intention bei der Management-Scorecard ist das Verhalten und die Aufgaben des Vorstands zur Führung des Unternehmens und zur Erfüllung der Stakeholder-Interessen vorzugeben. Interpretationsmöglichkeiten, inwieweit Erfolg oder Misserfolg auf die persönliche Leistung des Vorstands oder auf externe Faktoren zurückzuführen sind, werden somit nahezu eliminiert. Demnach ist auch der Vorstand alleine für die Erreichung der im Vorfeld mit dem Aufsichtsrat vereinbarten Ziele verantwortlich. Der Aufsichtsrat kann die Vorstands-Scorecard zur Evaluation des Managements nutzen, um über dessen Entlohnung, Weiterbeschäftigung oder Abberufung zu entscheiden. Anzumerken ist, dass die Autoren jedoch keine speziellen Kennzahlen oder Parameter empfehlen.

Wissenschaftler der Stanford Universität in den Vereinigten Staaten wurden konkreter und befragten im Dezember 2015 bzw. im Jänner 2016 107 CEOs und Non-Executive Directors von Fortune 500 Unternehmen bezüglich ihrer Wahrnehmung im Hinblick auf die Leistungsbeurteilung. Eine der gestellten Fragen war, welche die geeignetste Kennzahl zur Messung der Unternehmensperformance sei. Die zusammengefassten Ergebnisse dieser Umfrage zeigt Abbildung 2. Der Total Shareholder Return stand mit 51% an der Spitze der Antworten bei den Non-Executive Directors, gefolgt von Return on Capital (18%) und Operating Income (13%). CEOs selbst empfinden operative Kennzahlen als das bessere Mittel zur Leistungsmessung. So geben 28% der befragten CEOs an, den Free Cash-Flow (FCF) als bestes Maß einzustufen, gefolgt von Total Shareholder Return mit 26%.

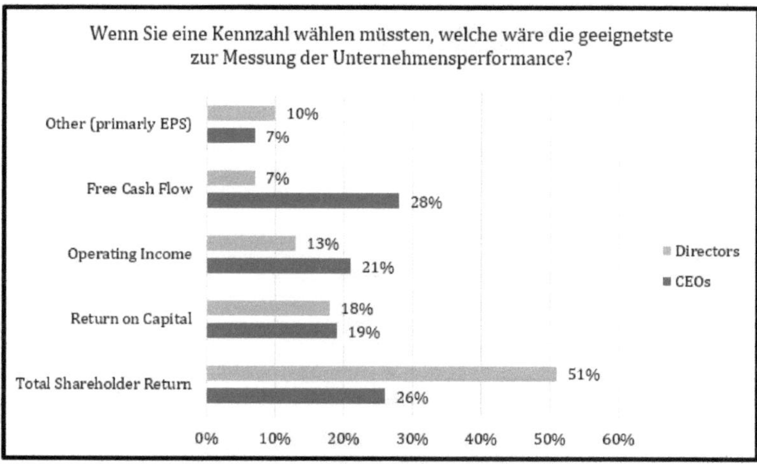

Abbildung 2: Wichtigste Performancekennzahl aus Sicht des Aufsichtsrates

(Quelle: Larcker/Thompson/Donatiello et al., 2016)

Während es schwierig ist, den Beitrag eines CEOs zur Performance zu messen, vertreten die Non-Executive Directors die Ansicht, dass CEOs maßgeblich am Erfolg oder Misserfolg einer Organisation beteiligt sind. Diese Ergebnisse machen nachvollziehbar, warum die Bezahlung der CEOs der größten US-Unternehmen so hoch ist. Bei der Frage, welcher Anteil der Performance eines Unternehmens direkt den Bemühungen des CEO zuzuschreiben ist, schreiben sämtliche der Befragten den CEOs einen beträchtlichen Teil für die Unternehmensergebnisse zu. Die Non-Executive Directors zollen den CEOs mehr Anerkennung für deren Leistung, als diese es selbst tun. Sie glauben, dass die CEOs direkt für 40 Prozent der Leistungsergebnisse verantwortlich sind, verglichen mit 30 Prozent aus Sicht der CEOs selbst (Larcker/Thompson/Donatiello et al., 2016).

Eine weitere Befragung der Hay Group in Zusammenarbeit mit der Plattform Agenda untersuchte die Hauptelemente der Bewertung der CEO-Leistung in der „2015 CEO Performance Evaluation Study". Es wurde Feedback von 147 Management Vertretern aus globalen Unternehmen über einen Online-Fragebogen eingeholt. Die Umfrageteilnehmer arbeiten für Unternehmen aller Größen, wobei der durchschnittliche Umsatz der Organisationen der Befragten über 1 Milliarde US-Dollar betrug. Die Studie ergab, dass sich die Vertreter der Unternehmen hauptsächlich auf Finanzkennzahlen verlassen, gleichzeitig streben jedoch viele eine bessere Balance zwischen quantitativen und qualitativen Leistungskennzahlen an. Insgesamt gaben 98 Prozent der Umfrageteilnehmer an, dass sie Kennzahlen der finanziellen Performance als Maß verwenden, während 92 Prozent Strategieentwicklung und Strategiedurchführung als geeignetes Maß heranziehen.

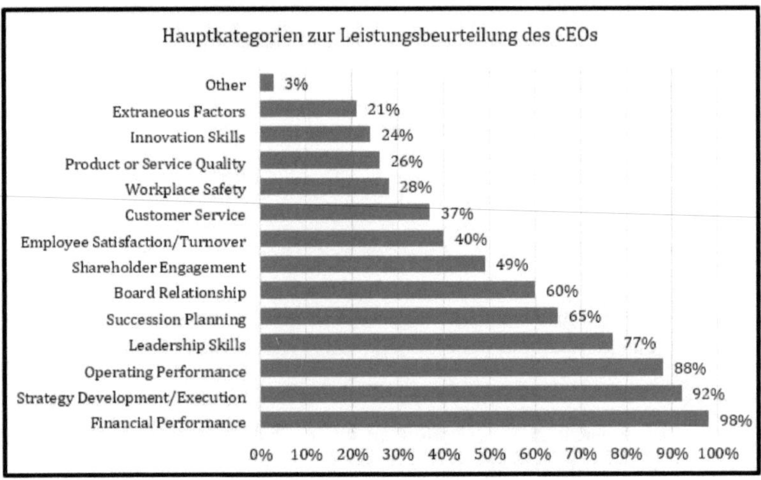

Abbildung 3: Hauptkategorien für die Leistungsbeurteilung des CEOs

(Quelle: Hay Group, 2015)

Auch die Personalberater von Hay fanden somit heraus, dass finanzielle Performance das wichtigste Kriterium zur internen Leistungsbeurteilung darstellt. Laut dieser Studie ist der Umsatz mit 58% die wichtigste Kennzahlt. Jedoch finden sich auch in dieser Befragung das operative Ergebnis, der Total Shareholder Return und eine Kapitalrendite-Kennzahl unter den am häufigsten genannten Indikatoren.

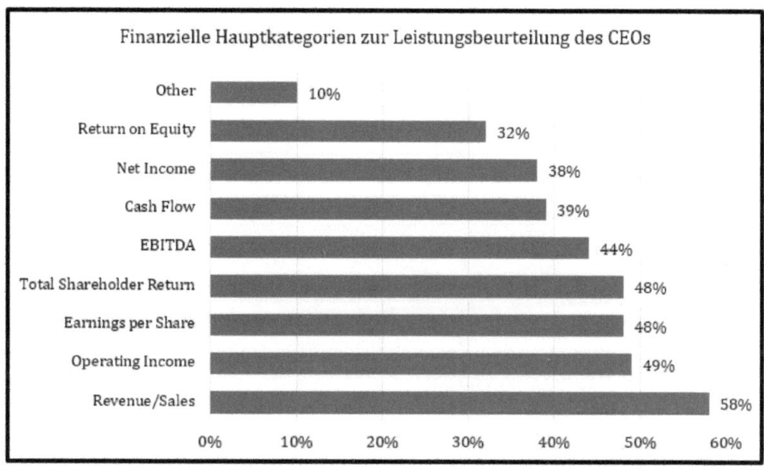

Abbildung 4: Finanzielle Leistungsindikatoren

(Quelle: Hay Group, 2015)

Anhand von Abbildung 3 ist ersichtlich, dass die befragten Unternehmensvertreter auch "Soft Skills" in ihren Bewertungen berücksichtigen. Beispielsweise sagen 77 %, dass ihr CEO auf der Grundlage von Leadership-Skills beurteilt wurde, und 65 % betrachten die Nachfolgeplanung und interne Talententwicklung als maßgeblich. Laut dieser Studie lässt sich ein Trend in Richtung einer umfassenderen Beurteilung erkennen. CEOs werden nicht nur anhand von Kennzahlen der finanziellen Performance bewertet, vielmehr nutzen Board Mitglieder ihren direkten Kontakt um ein vollständigeres Bild zu erlangen (Hay Group, 2015). Obwohl immer mehr Unternehmensvertreter nicht-finanzielle Kennzahlen verwenden, werden CEOs in erster Linie nach finanziellen Kriterien bewertet, was auf eine enge Verbindung von Unternehmens- und CEO-Leistung hinweist. Es werden nur wenige Versuche unternommen, die Angemessenheit der Leistungsmaßnahmen zu ermitteln und aufzuzeigen, wie diese Maßnahmen mit der Vision, dem Auftrag und den Strategien des Unternehmens für langfristigen Leistungserfolg übereinstimmen (Epstein/Roy, 2005).

Abschließend soll festgehalten werden, dass die interne Beurteilung der Leistung eines CEOs in Kontinentaleuropa zu den Aufgaben des Aufsichtsrates gehört (Schilling, 2001). Der Aufsichtsrat ist in einem dualistischen System ein zwingend erforderliches Organ und nimmt neben der Überwachungsfunktion des Managements auch die Bildung des Vergütungsausschusses wahr. Dualistische Systeme sind sowohl in Österreich als auch in Deutschland gesetzlich vorgeschrieben (Ratka/Rauter/Völkl, 2011).

2.3 Sichtweise externer Stakeholder

Externe Beurteiler der CEO Performance sind meist Finanzanalysten und Analystinnen, Investoren, die Presse oder Wissenschaftler und Wissenschaftlerinnen. Da externe Stakeholder keinen oder nur beschränkten Zugang zu qualitativen Daten zur Performance-Messung der CEOs haben, müssen andere Herangehensweisen gewählt werden. In den folgenden Abschnitten werden zuerst gängige Methoden von Wissenschaftlern und Wissenschaftlerinnen erläutert, anschließend wird genauer auf Investoren eingegangen.

2.3.1 Die Wissenschaft

Nachfolgende Auflistung erhebt keinen Anspruch auf Vollständigkeit, soll jedoch einen guten Überblick der in der Literatur gängigsten Methoden bieten. In der Forschung sehr beliebt ist *Tobin's q*. Es erfreut sich breiter Anwendung, da es ermöglicht, den Wert der immateriellen Vermögenswerte wie Firmenwert, Monopolmacht oder auch Wachstumsperspektiven zu schätzen (Perfect/Wiles, 1994). Das Tobin's q wird ermittelt, indem der Marktwert (Enterprise Value) eines Unternehmens (Börsenwert des Eigenkapitals plus Buchwert der Verbindlichkeiten) durch die Wiederbeschaffungskosten aller Vermögensgegenstände geteilt wird (Tobin, 1969). Die Idee dahinter ist, dass bessere Unternehmen bzw. ihre CEOs mehr ökonomischen Wert für eine gegebene Menge an Vermögenswerten schaffen. Es ist wichtig anzumerken, dass Tobin's q eine vorwärts gerichtete Kennzahl ist, die den Wert eines Unternehmens als Ganzes (nicht als Summe seiner Teile) berechnet und somit implizit zukünftige Zahlungsströme (CF), welche im Marktwert enthalten sind, miteinbezieht (Dezsö/Ross, 2012).

Des Weiteren wird oftmals der *Return on Asset (ROA)*, eine Größe aus der externen Buchhaltung, verwendet. Die Berechnung erfolgt, indem der Jahresüberschuss nach Steuern durch das Gesamtkapital dividiert wird (Ou/Waldman/Peterson, 2015; Peni, 2014) Alternativ wird gelegentlich *Earnings before Interest Taxes Depreciation and Amortization (EBITDA)* durch das Gesamtkapital dividiert (Benmelech/Frydman, 2015) oder es werden andere, meist industriespezifische Anpassungen, an der Kennzahl vorgenommen (Khan/Vieito, 2013). Andere Buchhaltungsgrößen, die zur Messung der Performance herangezogen werden, sind *Return on Sales (ROS), Return on Invested Capital (ROIC)* oder auch *Return on Equity (ROE)*. Die Berechnung erfolgt durch Division des Jahresüberschusses nach Steuern durch den Umsatz, durch das investierte Kapital bzw. durch das Eigenkapital (Shrader/Blackburn/Iles, 1997). Im Gegensatz zu Tobins' q sind Kennzahlen der Buchhaltung, vergangenheitsgerichtet und können stark von zukunftsgerichteten Berechnungen abweichen (Benston, 1985). Einen weiteren abweichenden Ansatz verwenden Du Rietz und Henrekson (2000). Sie beziehen das Wachstum des Umsatzes, der Profitabilität, der Anzahl der Angestellten sowie des Auftragseingangs in ihre Untersuchung ein.

2.3.2 Investoren

„In assessing performance, what matters isn't the absolute rate of return but the return relative to peers and the market. You really need to know three things to evaluate a CEO's greatness: the compound annual return to shareholders during his or her tenure and the return over the same period for peer companies and for the broader market."

(Thorndike, 2012)

Das Zitat stammt aus dem Buch „The Outsiders: Eight Unconventional CEOs and Their Radically Rational Blueprint for Success". Darin legt Thorndike überzeugend dar, warum die CEO Performance in dieser Art und Weise gemessen werden soll. Der Kontext spielt eine wichtige Rolle: es ist leichter für CEOs, hohe Renditen für ihre Aktionäre zu generieren, wenn der gesamte Aktienmarkt in Aufwind ist und den Aktienkurs des Unternehmens mitsteigen lässt. Anhand von Abbildung 5 lässt sich dieses Argument verdeutlichen. CEOs, die in diesem Zeitraum ein Unternehmen geführt haben, hatten es erheblich einfacher, da der Gesamtmarkt (ATX) von Beginn 2000 bis Beginn 2007 jährlich durchschnittlich um 21% gestiegen ist, während er in den darauffolgenden 7 Jahren, durchschnittlich um 8% pro anno gesunken ist (Abbildung 6). Diese extremen Gegensätze werden als Preisblasen bezeichnet. Preisblasen an Börsen bleiben ein Rätsel für die Wirtschaftstheorie, insbesondere vor dem Hintergrund, dass ein Großteil der Forscher von Märkten mit hoher Effizienz ausgeht. Preisblasen entstehen durch die Institutionalisierung sozialer Normen, wenn Individuen das Verhalten anderer beobachten und annehmen. Individuelle Diskrepanzen zwischen intrinsischen Werten von Unternehmen und Marktpreisen steigern sich in Zeiten solcher Preisblasen und der Zugewinn für Aktionäre kann nicht zwangsläufig dem CEO zugeschrieben werden (Levine/Zajac, 2007). Vielmehr werden Preisblasen unter anderem durch Überreaktionen der Investoren, Herdentriebe, übertriebenes Selbstbewusstsein oder mentale Buchhaltung ausgelöst (Bikhchandani/Sharma, 2000; Bondt/Werner/Thaler, 1987; Hirshleifer, 2001; Scott/Stumpp/Xu, 2003).

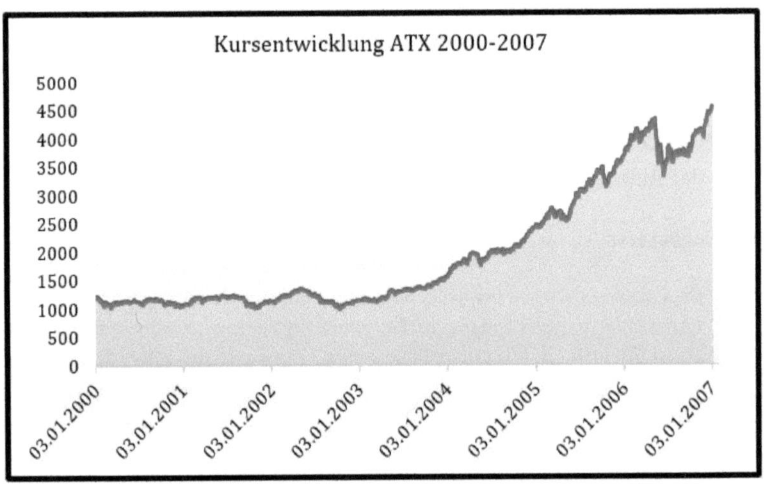

Abbildung 5: Kursentwicklung ATX 2000-2007

(Quelle: Börse Wien, 2017)

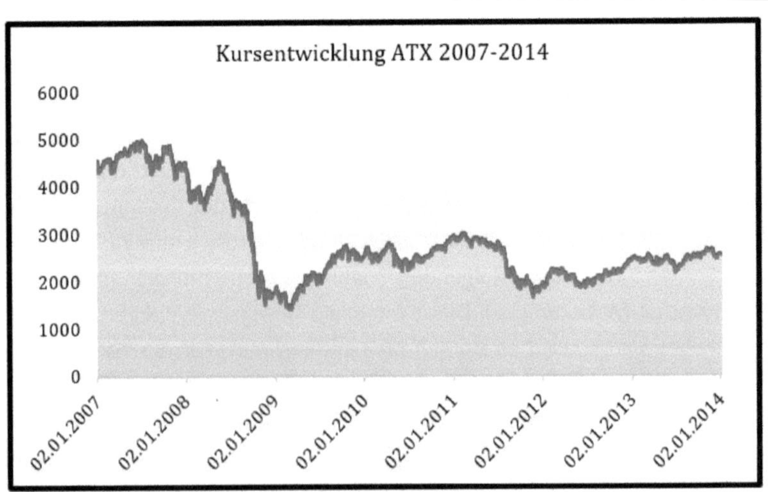

Abbildung 6: Kursentwicklung ATX 2007-2014

(Quelle: Börse Wien, 2017)

Doch nicht nur die Performance relativ zum Gesamtmarkt ist für Investoren relevant, ebenso wird der „Track Record" des CEOs ins Verhältnis zu seiner „Peer Group" gestellt. Unternehmen, die in derselben Branche konkurrieren, haben die gleichen Voraussetzungen, somit sind die langfristigen Unterschiede zwischen ihnen eher durch Fähigkeiten des Managements als durch äußere Einflüsse zu erklären (Thorndike, 2012).

Generell besagt die relative Performance Evaluation (RPE)-Hypothese, dass Unternehmen davon profitieren, die eigene Leistung mit der einer Peer-Gruppe zu vergleichen, wenn die Leistung des CEOs bewertet wird (Bannister/Newman, 2003). Laut Jenter und Kanaan (2015) werden CEOs jedoch oftmals aufgrund schlechter Unternehmensperformance entlassen, ausgelöst durch Faktoren, die sich ihrer Kontrolle entziehen. Unternehmensvertreter, welche mit Personalentscheidung betraut sind, sollten exogene Branchen- und Marktschocks herausfiltern, bevor sie über die Beibehaltung des CEOs entscheiden. Anhand einer Stichprobe von 3.365 CEO-Wechseln von 1993 bis 2009 dokumentieren die Autoren, dass CEOs bei schlechter Performance der gesamten Branche und in geringerem Maße auch nach schlechter Marktperformance deutlich häufiger entlassen werden. Ein Rückgang der Branchenleistung vom 90. auf das 10. Perzentil verdoppelt die Wahrscheinlichkeit eines erzwungenen CEO-Wechsels. Für Investoren sind relative Bewertungsansätze im Rahmen der Aktienanalyse längst Marktstandard, auch deshalb soll im Rahmen dieser Arbeit eine Bereinigung der Performance um die Branchenperformance erfolgen (CFA Institute, 2016).

2.4 Zusammenfassende Klassifizierung

Um die erste Forschungsfrage zu beantworten, wurden die am weitest verbreiteten Methoden zur Messung der CEO Performance im bisherigen Teil des Kapitels erläutert und gegenübergestellt. Dabei kristallisierte sich eine Einteilung zwischen internen und externen Stakeholdern heraus.

Zu den internen Stakeholdern zählen vor allem der Aufsichtsrat im dualistischen System sowie das Board of Directors im Anglo-Amerikanischen Raum (Schilling, 2001). Bei genauerer Betrachtung dieser Perspektive stellte sich heraus, dass in der Praxis meist finanzielle Performance-Indikatoren zum Einsatz kommen. Dies ist intuitiv nicht zwingend nachvollziehbar, da dieser Personenkreis jedenfalls Zugang zu einer Fülle an qualitativen Leistungsparametern haben sollte (Hay Group, 2015). Die externe Seite wurde aus Sicht von Investoren betrachtet. Generell ist festzuhalten, dass sich die wissenschaftliche Diskussion nur vereinzelt mit der Bewertung von CEOs aus Aktionärs- bzw. Investorenperspektive auseinandergesetzt hat. Deshalb wurde im Rahmen dieser Arbeit auch auf populärwissenschaftliche Bücher zurückgegriffen. Dort lässt sich eine klare Präferenz für den um die Branche bzw. den Gesamtmarkt bereinigten Total Shareholder Return erkennen. Die Wissenschaft beruft sich im Zuge der Messung der CEO Performance häufig auf Kapitalrenditen und das Tobin's q. Ergänzend werden Wachstumsraten und Margen herangezogen, um die Leistung anhand mehrerer Faktoren messen zu können. In jüngerer Vergangenheit beziehen sich aber auch Forscher an Universitäten häufiger auf bereinigte Aktionärsrenditen und qualitative Faktoren (McGinn, 2017). Nachfolgende Tabelle zeigt einige der herausgearbeiteten Kennzahlen und Parameter die von unterschiedlichen Interessengruppen zur Beurteilung eines CEOs herangezogen werden. Diese Aufstellung erhebt nicht den Anspruch auf Vollständigkeit, vielmehr soll ein adäquater Überblick gegeben werden, um anschließend näher auf die Betrachtungsweise aus Sicht der Investoren einzugehen.

Sichtweise	Intern	Extern	
		Investoren	Wissenschaft

Kennzahlen	• Finanzielle Performance
	   ○ Total Shareholder Return
	   ○ Kapitalrenditen
	   ○ Cash-Flow
	   ○ Umsatz
	• Strategieentwicklung
	• Operative Performance
	• Leadership Skills
		• Total Shareholder Return
		   ○ Total Shareholder Return bereinigt um die Branche
		   ○ Total Shareholder Return bereinigt um den Gesamtmarkt
			• Tobins'q
			• Return on Assets (ROA)
			• Return on Equity (ROE)
			• Aktionärsrenditen

Tabelle 1: Zusammenfassende Klassifizierung der CEO Performance Indikatoren

(Quelle: Eigene Darstellung)

2.5 CEO Charakteristiken – Hypothesenentwicklung

Verschiedene Charakteristiken von Führungskräften, besonders von CEOs, wurden in der wissenschaftlichen Diskussion aufgegriffen. Beispielsweise zeigen Kaplan et al. (2012), dass für Geschäftsführer und Geschäftsführerinnen der Venture Capital Branche vor allem generalistische Managementfähigkeiten und allgemeine „Umsetzungskompetenzen" für den Erfolg ausschlaggebend sind. Ebenso wurden die Auswirkungen von Eigenschaften wie Geschlecht, Alter, Overconfidence, Ausbildung, Netzwerken oder auch eine militärische Vergangenheit auf Management-Prognosen, die Buchhaltung oder das Gewinnmanagement untersucht (Alqatamin/Aribi/Arun, 2017; Alqatamin/Aribi/Arun, 2017; Kalkhouran/Nedaei/Rasid, 2017; Benmelech/Frydman, 2015). Ou et al. (2015) untersuchten beispielsweise den Einfluss von bescheidenen und demütigen CEOs auf die Organisation. Sie fanden dabei heraus, dass sich Bescheidenheit und Demut durch ein niedrigeres Ungleichgewicht in der Bezahlung des CEOs im Verhältnis zum restlichen Managementteam und in einer höheren Performance des Unternehmens ausdrückt. In den folgenden Unterkapiteln sollen einige der prominentesten Charakteristiken ausgewählt werden, um in weiterer Folge mit Hilfe der vorherrschenden Literatur Hypothesen zu bilden.

2.5.1 CEO Geschlecht

Eine der am meisten untersuchten Variablen in der Managementforschung ist das Geschlecht. Die Thematik wurde von verschiedener Strömungen auf unterschiedliche Art und Weise untersucht. Beispiele sind Arbeiten von Forschern aus der Corporate Finance, der Managementforschung, bis hin zum Fachgebiet Psychologie (Peni, 2014). So wurde beobachtet, dass das Risikolevel der Unternehmen mit weiblichen CEOs niedriger ist oder weibliche Vorstandsmitglieder im Durchschnitt jünger als ihre männlichen Kollegen sind, aktivere Rollen im Vorstand übernehmen und mehr Entscheidungsmacht genießen (Khan/Vieito, 2013; Martin/Nishikawa/Williams, 2009; Virtanen, 2012). Am relevantesten für die vorliegende Arbeit sind jedoch die Untersuchungen zur Wirkung von Frauen bzw. Männern auf die Unternehmensleistung bzw. den Unternehmenswert, beispielsweise von Campbell et al. (2008), Dezsö und Ross (2008 & 2012) und Francoeur et al. (2008).

Dezsö und Ross (2008) untersuchen die Beziehung zwischen Frauen im Management und der Unternehmensperformance. Dabei stellten sie eine Verbesserung des Tobin's q fest, wenn Frauen eine Ebene unter dem CEO eingesetzt wurden. Jedoch finden sie keine Beziehung zwischen weiblichen CEOs und der Unternehmensleistung. Weitere Studien zeigen, dass eine weibliche Vertretung im Topmanagement die Unternehmensleistung verbessert, jedoch nur in dem Ausmaß, in dem die Unternehmensstrategie auf Innovation ausgerichtet ist. In diesem Zusammenhang sind die informationellen und sozialen Vorteile der Geschlechter-Diversität und das Verhalten von Frauen in Führungspositionen besonders wichtig für Führungsaufgaben (Dezsö/Ross, 2012). Des Weiteren ist weiblicher Leadership – insgesamt und insbesondere die Präsenz eines weiblichen CEOs – eher mit der finanziellen Leistung von Unternehmen in Geschlechts-egalitären Kulturen und Ländern (weit fortgeschrittener Gleichberechtigung von Frau und Mann), positiv verbunden (Hoobler/Masterson/Nkomo et al., 2016).

Ebenfalls untersucht wurde, inwiefern die Beteiligung von Frauen im Aufsichtsrat und in der Geschäftsleitung die finanzielle Performance verbessert. Anhand eines Modells, welches das Risikoniveau beim Vergleich der Unternehmensleistungen berücksichtigt, werden frühere Studien, welche entweder Aktienrenditen oder Bilanzierungskennzahlen verwendeten, erweitert. Die Ergebnisse zeigen, dass Unternehmen, die in komplexen Umfeldern tätig sind, bei einem hohen Anteil an weiblichen Angestellten positive und signifikant überdurchschnittliche Erträge erzielen. Generell erwirtschaften Unternehmen mit einem hohen Anteil an Frauen sowohl in ihren Führungs- als auch in ihren Corporate Governance Systemen mindestens durchschnittliche Aktienmarktrenditen. Diese Ergebnisse unterstützen auch tendenziell die Politik, die derzeit in einigen Ländern und Organisationen diskutiert oder umgesetzt wird, um Frauen in Führungspositionen zu fördern (Francoeur/Labelle/Sinclair-Desgagné, 2008).

Die Überwachungsfunktion des Aufsichtsrats ist ein wichtiger Kontrollmechanismus für die Corporate Governance, insbesondere in Ländern, in denen externe Kontroll-Mechanismen weniger gut entwickelt sind. Die Zusammensetzung des Aufsichtsrats kann sich auf die Qualität dieser Überwachungsrolle und damit auf die finanzielle Leistungsfähigkeit des Unternehmens auswirken. Während sich um das Thema der Geschlechter-Diversität in den letzten Jahren ein wachsendes Forschungsinteresse zeigte, basieren die meisten empirischen Ergebnisse auf US-amerikanischen Daten. Eine Ergänzung stellt der Artikel von Campbell und Mínguez (2008) da, der Verbindung zwischen der geschlechtsspezifischen Vielfalt des Managements und der finanziellen Leistungsfähigkeit der Unternehmen in Spanien untersucht, einem Land, das in der Vergangenheit nur eine geringe Beteiligungsquote von Frauen an der Belegschaft hatte. Die Ergebnisse zeigen, dass die Geschlechter-Diversität – gemessen am Frauenanteil im Aufsichtsrat – sich positiv auf den Unternehmenswert auswirkt (Campbell/Mínguez, 2008).

Abgeleitet aus dem dargelegten Forschungsstand, soll im empirischen Teil folgende Hypothese getestet werden:

H1: Weibliche CEOs erzielen im Durchschnitt eine bessere Performance als männliche CEOs.

2.5.2 CEO Alter

Das Lebensalter des CEOs hat einen erheblichen Einfluss auf die Erfahrung (Wang/Holmes/Oh et al., 2016). Die möglichen Auswirkungen des Alters der Führungskräfte auf den Erfolg eines Unternehmens haben in der Literatur Beachtung gefunden, da davon ausgegangen werden kann, dass ältere Führungskräfte einen Wettbewerbsvorteil gegenüber jüngeren Führungskräften haben, da diese zwangsläufig weniger Erfahrung im Geschäftsleben haben (Peni, 2014). Es wurden bislang jedoch durchaus uneinheitliche Ergebnisse in Zusammenhang mit dem Alter der CEOs gefunden. So wurde gezeigt, dass ältere Führungskräfte in ihrer Arbeit konservativer vorgehen, was sich in weiterer Folge auf die Unternehmensperformance auswirken kann. Der Einfluss kann sich jedoch sowohl positiv als auch negativ manifestieren (Bertrand/Schoar, 2003). Jüngere CEOs dagegen sind wesentlich risikofreudiger und treffen umfassendere strategische Entscheidungen (Hambrick/Mason, 1984). Jüngere CEOs hatten weniger Möglichkeiten, Vermögen und Wissen aufzubauen, getrieben durch die Aussicht auf hohe Gewinne entscheiden sie sich meist für eine aggressive Strategie, die das persönliche und unternehmerische Vermögen maximieren soll (Yim, 2013). McClelland et al. (2012) argumentieren ebenso, dass sich CEOs mit kürzeren Karrierehorizonten (folglich mit fortgeschrittenem Alter) für risikoaverse Strategien entscheiden, die die zukünftige Unternehmensperformance im Durchschnitt nachteilig beeinflussen. Darüber hinaus postulieren sie, dass diese Beziehung bei Managern und Managerinnen mit einem erheblichen Besitzanteil am Unternehmen aufgrund der einhergehenden Macht noch verschärft wird. Mit einer Stichprobe von US-amerikanischen Unternehmen aus dem S&P 500 werden die Argumente untermauert. Gleichzeitig wird angemerkt, dass diese Beziehungen in dynamischen Branchen stärker wirken als in einem relativ stabilen Umfeld.

Davidson et al. (2007) untersuchten die Auswirkungen des Karrierehorizonts einer Führungskraft auf das Ertragsmanagement des Unternehmens und stellen fest, dass Firmen mit CEOs, die kurz vor dem Pensionsantritt stehen, in den Jahren davor hohe nicht-operative Rückstellungen bilden um das Ergebnis zu steuern. Als Begründung wird angeführt, dass der Fokus von Führungskräften, die kurz vor dem Ruhestand stehen, eher auf der aktuellen Leistung als auf langfristigen Projekten liegt. CEOs, die kurz vor der Pensionierung stehen, könnten laut den Forschern der Ansicht sein, dass ein höheres Einkommen in den Jahren vor der Pensionierung, einem höheren Wert für ihre Aktienoptionen, einem höheren Ruhestandseinkommen und mehr Aufsichtsratsmandaten in anderen Unternehmen zur Folge haben könnte. Auch Gibbons und Murphy (1992) weisen darauf hin, dass ältere CEOs dazu neigen, Projekte auszuwählen, welche noch vor der Pensionierung hohe Rückflüsse versprechen.

Serfling (2014) fand ebenfalls einen Zusammenhang zwischen dem Alter des CEOs und der Risikoneigung. Ältere CEOs führen Unternehmen mit einer geringeren Aktienkurs-Volatilität, investieren weniger in Forschung und Entwicklung und setzen einen geringeren operativen Leverage (Beziehung zwischen fixen und variablen Kosten (CFA Institute, 2016)) ein. Vor allem erwirtschaften sie eine geringere risikoadjustierte Rendite für ihre Aktionäre. Insgesamt haben ältere Führungskräften in der wissenschaftlichen Diskussion den Ruf, sich negativ auf die Unternehmensperformance auszuwirken (Bertrand/Mullainathan, 2003 & Davidson/Xie/Xu et al., 2007 zitiert nach Peni, 2014). Ich postuliere somit einen negativen Zusammenhang zwischen dem CEO Alter und der Performance:

H2: Jüngere CEOs erzielen eine bessere Performance als ältere CEOs.

2.5.3 Langzeit-CEO

Nicht zu verwechseln mit dem Lebensalter des CEOs ist die Dauer der Amtszeit, welche definiert ist als die Periode beginnend mit der Ernennung des CEOs bis zu dessen Ausscheiden aus der Position. Auch dieser Charakteristik schenkten Wissenschaftler bislang ein relativ hohes Maß an Aufmerksamkeit (Wang/Holmes/Oh et al., 2016). Hambrick (1991) postulierte dazu ein Phasenmodell, welches eng an die Performance des Unternehmens geknüpft ist und sich als Erweiterung der Upper-Echelon-Theorie versteht. Generell ist die Dauer der Amtszeit eine der am meisten untersuchten Eigenschaften innerhalb der Upper-Echelon-Theorie (Finkelstein/Hambrick/Cannella, 2009).

Die Aktualität der Thematik zeigt sich auch anhand der folgenden Feststellungen. Die Fluktuation der CEOs von großen Unternehmen der Vereinigten Staaten von Amerika stieg in der jüngeren Vergangenheit kontinuierlich an. So betrug die

Fluktuation in der Periode von 1992 bis 2005 14,9%, was eine durchschnittliche Amtszeit von ungefähr sieben Jahren bedeutet. Wird die Periode auf den Zeitraum ab 1998 eingegrenzt, steigt die Fluktuation der CEOs auf 16,5%, also eine durchschnittliche Amtszeit von nur noch knapp über sechs Jahren (Kaplan/Minton, 2006). Das ist tendenziell schlecht für Investoren, denn laut Simsek (2007) wirkt die Amtszeit des CEOs indirekt über den direkten Einfluss auf das Top-Management-Team (TMT), welches zu mehr Risiko und zum Streben nach „entrepreneurhaften" Initiativen animiert wird, auf die Unternehmensperformance. Es wurden auch Unterschiede bei den berichteten Gewinnen in Abhängigkeit der Beschäftigungsdauer des Managers bzw. der Managerin festgestellt. Ein Overstatement der Gewinne ist in den ersten Jahren wahrscheinlicher als am Ende der Amtszeit. Diese Resultate lassen vermuten, dass neue CEOs oftmals versuchen, die Unsicherheit der Finanzmärkte durch gute Ergebnisse zu beseitigen (Ali/Zhang, 2015). Hill und Phan (1991) fanden einen positiven Zusammenhang zwischen der Beschäftigungsdauer des CEOs und dessen Einfluss auf die eigene Vergütung. Mahmoud und Mintz (2008) ergänzen, dass die Unternehmensperformance zu Beginn der Amtszeit der CEOs noch ein maßgeblicher Faktor für die Vergütung ist, die Bedeutung nimmt jedoch mit der Dauer des Beschäftigungsverhältnisses ab. Passend dazu stellt Jianxin Gong (2011) fest, dass CEOs mehr Gehalt bekommen, je länger sie ihr Amt bekleiden, jedoch gleichzeitig auch mehr Shareholder Value generieren.

Henderson et al. (2006) untersuchten annähernd hundert CEOs der Nahrungsmittelbranche (welche als relativ stabil eingestuft wird) sowie über zweihundert CEOs der Computerbranche (sehr dynamisch) und fanden dabei folgende Ergebnisse. So zeigte sich in der Nahrungsmittelindustrie ein positiver Zusammenhang zwischen der Amtszeit der CEOs und der Unternehmensperformance, während in der Computer Branche eine negative Korrelation beobachtet wurde und jüngere CEOs besser performten. Weitere Studien haben einen positiven Zusammenhang zwischen der Dauer der CEO Amtszeit und der Unternehmensperformance nachgewiesen. Auch Wang et al. (2016) verweisen, in Anlehnung an Pfeffer und Salancik, (2003) auf potentielle stärkere Netzwerke, stärkere Legitimität, einen besseren Zugang zu Ressourcen und einen positiven Einfluss auf die Firmenleistung.

Konträr zu den bisher genannten Studien gibt es jedoch auch solche, die abweichende Ergebnisse zeigen. Beispielsweise wiesen Huson et al. (2004) einen positiven Effekt auf die Unternehmensperformance nach, wenn ein neuer CEO eingestellt wurde. Trotz unterschiedlicher Ergebnisse hielt Peni (2014) fest, dass nicht die generelle Lebenserfahrung gemessen in Lebensjahren einen Wettbewerbsvorteil bringt. Vielmehr profitieren CEOs und ihre Unternehmen von der langanhaltenden Erfahrung der Führungskraft ausgedrückt durch die Stabilität in der obersten Führungsposition. Auf diesen Beobachtungen basierend lautet meine Hypothese wie folgt:

H3: Zwischen der Dauer der CEO Amtszeit und der Performance besteht ein positiver Zusammenhang.

2.5.4 Der CEO als Eigentümer

Familienunternehmen sind international sowohl prominent vertreten als auch in der Anzahl wesentlich, so sind beispielsweise ein Drittel der Unternehmen im amerikanischen S&P 500 Index in Familienbesitz, dies schlägt sich in 18% des ausstehenden Eigenkapitals nieder (Anderson/Reeb, 2003). Im Großteil der bisherigen Arbeiten, die sich mit der Eigentümerstruktur beschäftigen, wird postuliert, dass Organisationen, in denen Eigentum und Kontrolle in einer Hand liegen, oftmals unterbewertet sind. Entscheidungsträger könnten aufgrund eines Interessenskonflikts profitable Investitionen nicht in Betracht ziehen und würden dadurch schlechter performen, als Unternehmen mit einer breiteren Eigentümerstruktur. Als Gegenargumente werden ein längerer Planungshorizont, Familienzusammenhalt, Loyalität und Stabilität genannt; diese bauen Agency-Kosten ab und liefern die notwendigen Anreize, profitabel zu investieren (James, 1999). Zusätzlich performen sie besser als nicht-Familienunternehmen. Eine weitere Untersuchungen zeigt, dass derartige Unternehmen mit einem Familienmitglied als CEO besser abschneiden als mit einem externen Geschäftsführer (Anderson/Reeb, 2003). Miller et al. (2013) argumentieren, dass Familien-CEOs lediglich in kleinen Unternehmen mit starker Eigentumskonzentration erfolgreich sind. Gomes, (2000) fügt generalisierend hinzu, dass Manager mit einer wesentlichen Beteiligung am Unternehmen ein starkes Interesse an einer langfristig guten Reputation haben, folglich sprechen sie oftmals ein starkes Commitment gegenüber Minderheitsaktionären aus. Gründer-CEOs, eine spezielle Ausprägung von Eigentümer-CEOs, investieren stärker in Forschung und Entwicklung, gehen fokussierter an Merger & Acquisitions (M&A) -Transaktionen heran und zeigen eine klare Outperformance des Gesamtmarktes (Fahlenbrach, 2009).

In der vorherrschenden Literatur gibt es einige starke Belege für einen positiven Zusammenhang zwischen CEOs mit einer wesentlichen Beteiligung am Unternehmen und der Performance. Cui und Mak (2002) finden einen positiven, nicht linearen Zusammenhang zur Performance für Unternehmen mit hohen Forschung und Entwicklungsausgaben. Die Ergebnisse einer empirischen Studie mit 175 börsennotierten Unternehmen in Griechenland beschreiben einen strukturellen positiven Zusammenhang zwischen Eigentümer-CEOs und besserer Unternehmensperformance (Karathanassis/Drakos, 2004). Laut Lilienfeld-Toal und Ruenzi (2014) operieren Eigentümer-CEOs regelmäßig wertsteigernd: Sie reduzieren ein „Empire Building Verhalten" und führen ihre Unternehmen effizienter. Insgesamt weisen die Ergebnisse darauf hin, dass der Markt die Anreizeffekte von Managereigentum nicht korrekt bewertet, was in weiterer Folge Chancen für Investoren bedeutet. Des Weiteren führen Eigentümer-CEOs aktionärsfreundliche Akquisitionen durch, während externe Manager oftmals diametral abweichend zu den Interessen der Eigentümer handeln (Kroll/Wright/Toombs et al., 1997).

Im Gegensatz dazu finden Mandacı und Gumus (2010) bei ihrer Untersuchung der Istanbuler Börse (ISE), zwar einen signifikant positiven Effekt von Eigentümerkonzentration auf die Profitabilität und den Unternehmenswert, jedoch auch einen negativen Effekt von Managerbeteiligungen auf den Unternehmenswert.

Gründer und Familien-CEOs zeigen generell einen größeren Stakeholder-Fokus, während externe Manager einen stärkeren Shareholder Value-Gedanken verfolgen. Familien-CEOs fühlen sich den Mitarbeitern und Mitarbeiterinnen ebenso verbunden, wie Banken und Aktionären. Sie verfolgen einen hierarchischen Management-Ansatz und sehen ihre Rolle nicht in erster Linie im Change-Management (Mullins/Schoar, 2016). Vor allem österreichische Unternehmen wiesen traditionell eine starke Stakeholder-Orientierung auf. Allerdings zeigte die jüngere Vergangenheit auch die Verbreitung des Shareholder Value-Ansatzes (Meyer/Hollerer, 2010). Generell schneidet ein langfristiger Investitions-Horizont meist besser ab, als ein kurzer. Ebenso lässt sich nachweisen, dass auch langfristig orientierte Investoren für ihre Geduld in Form von höheren Renditen belohnt werden. Fasst man diese Erkenntnisse zusammen, lässt sich ein starkes Argument für Eigentümer-CEOs, aus Sicht der Investoren aufstellen (Browne/Browne/Shrages et al., 2009; Souder/Reilly/Bromiley et al., 2016). Als Begründung für den Erfolg von Eigentümer-CEOs wird der positive Effekt der Interessensharmonisierung zwischen Aktionären und dem Management angeführt (Kaserer/Moldenhauer, 2007). Aus dem dargelegten Stand der Literatur abgeleitet lautet Hypothese H4a:

H4a: CEOs mit Beteiligung am geführten Unternehmen zeigen eine bessere Performance als CEOs ohne Beteiligung.

Damit soll in einem ersten Schritt überprüft werden, ob es in den gesammelten Daten Performanceunterschiede zwischen CEOs mit Unternehmensbeteiligung und jenen ohne gibt. Im zweiten Schritt wird getestet inwiefern ein Zusammenhang zwischen der Höhe der Beteiligung und der Performance besteht. Somit lautet die Hypothese H4b:

H4b: Die Höhe der Beteiligung des CEOs am geführten Unternehmen wirkt sich positiv auf die Performance aus.

2.5.5 CEO Ausbildung

> "I don't care where someone went to school, and that never caused me to hire any-
> one or buy a business."

(Warren Buffett zitiert nach Hymowitz, 2006)

Erreichen besser ausgebildete CEOs bessere finanzielle Performance? Laut Warren Buffet, einem der berühmtesten und erfolgreichsten Investoren der Geschichte, ist die Antwort „Nein" (Gottesman/Morey, 2015). Interessanterweise ist die Ausbildung der CEOs erst in den letzten Jahren in Bezug zur Performance gestellt worden. So bestätigen King et al. (2016) für die Bankenbranche einen positiven Zusammenhang des CEO Bildungsniveaus und der Performance des Unternehmens. Zusätzlich sollen besser gebildete CEOs wahrscheinlicher innovative, riskante Strategien vorgeben und sind eher dazu geneigt eigenkapitalbezogene Vergütungen zu akzeptieren. Auch Jalbert et al. (2011) finden einen positiven Effekt der CEO-Ausbildung auf sowohl die Gesamtkapitalrentabilität als auch auf Tobin's q. In diesem Zusammenhang postulieren sie, dass der Abschluss sowie die Universität eine wichtige Rolle spielen.

Im Gegenteil zu den bisher vorgestellten Studien finden Gottesman und Morey (2015) keine signifikante Bestätigung, dass die Art des Abschlusses des CEOs eine Auswirkung auf die finanzielle Performance des Unternehmens hat. Ebenso warnen Mintzberg und Lampel (2001) in einem *Fortune* Artikel vor der, ihrer Meinung nach, übertriebenen MBA-Euphorie. Andere Studien untersuchten die formale Art der Ausbildung auf die Ausgaben für Forschung und Entwicklung. Die Ergebnisse belegen, dass die formale Ausbildung des CEOs keinen Einfluss auf die Höhe der F&E Ausgaben hat, jedoch stiegen diese signifikant an, wenn die Ausbildung des CEOs wissenschaftlich war (Barker/Mueller, 2002).

In der vorliegenden Arbeit soll untersucht werden, inwiefern ein betriebswirtschaftlicher Studienabschluss förderlich für eine bessere Performance ist. Die

Vorgehensweise deckt sich mit (McGinn, 2017) und der Rangliste der „best performing CEOs in the world 2017", für welche als zusätzliche Variable der Besitz eines MBA-Titels erhoben wurde. Ebenso deckt sie sich mit einer aktuellen Untersuchung von Morresi (2017), der einen positiven Zusammenhang zwischen der Performance und CEOs mit MBA-Abschluss in einigen Ländern Europas (exkl. Österreich) nachwies.

H5: Zwischen CEOs mit betriebswirtschaftlichen Studienabschluss und der Performance besteht ein positiver Zusammenhang.

3 Methodik

Das Kapitel gibt einen Überblick über die Ausgangssituation und Rahmenbedingungen der Untersuchung (3.1), erläutert das Forschungsdesign (3.2.1.), erklärt den Datenerfassungsprozess (3.2.2) und gibt erste Einblicke über die gewählten Methoden zur Datenanalyse (3.2.3).

3.1 Ausgangssituation und Rahmenbedingungen

Die Ausgangsbasis der methodischen Überlegungen bildet eine INSEAD Studie, welche sämtliche CEOs der Unternehmen des S&P World 1200 untersucht (McGinn, 2017). Das Datenmaterial kann jedoch nicht für die Untersuchung der Aktienmärkte in Österreich und Deutschland verwendet werden, da der Index eine Vielzahl der Unternehmen ausschließt. Davon sind insbesondere jene mit geringer Marktkapitalisierung betroffen. Deutschland und Österreich bilden zusammen jedoch ein äußerst vielversprechendes Umfeld für die empirische Untersuchung. Das Bild in Österreich per Stichtag 31.12.2017 war alleine ein unbefriedigendes, da lediglich 61 Unternehmen, 5 davon mit 2 Aktiengattungen, im Wiener Börse Index vertreten waren. Allerdings notierten in Deutschland zusätzlich 423 Unternehmen (26 mit 2 Aktiengattungen) an der Börse, wodurch sich eine Ausgangsdatenbasis von 453 Unternehmen samt Daten zu den CEOs ergab.

3.2 Forschungsdesign und Forschungsprozess

3.2.1 Forschungsdesign

Um empirische Kapitalmarktforschung durchzuführen, gibt es unterschiedliche Ansätze zur Analyse der Forschungsfragen anhand von umfangreichen Datensätzen: Ereignisstudien, Querschnitts- und Längsschnittsanalysen. Bei der Durchführung von Ereignisstudien steht die Untersuchung eines spezifischen Ereignisses auf die Aktienkursentwicklung im Vordergrund. Bei Querschnittsanalysen konzentriert sich die Analyse einer Stichprobe auf einem bestimmten Zeitpunkt, während Längsschnittsanalysen mittels Paneldaten die Entwicklung einer Stichprobe über mehrere Zeitpunkte hinweg verfolgen (Ampenberger, 2010). Die vorliegende Arbeit folgt dem letzten beschriebenen Ansatz einer quantitativen Querschnittsuntersuchung und basiert auf einem umfangreichen Datensatz österreichischer und deutscher börsennotierter Unternehmen und ihrer CEOs. Diese Vorgehensweise deckt sich mit anderen verwandten Studien (Gottesman/Morey, 2015; Peni, 2014). Im Datensatz dieser Arbeit wurden zahlreiche per Hand gesammelte Daten einbezogen. Insbesondere handelt es sich hierbei um detaillierte Informationen zu den Managern und Managerinnen, zur Zusammensetzung der Eigentümerstruktur sowie zu ergänzenden Markt- und Unternehmensdaten.

3.2.2 Datensammlung und Datenerfassung

„Die Methoden der empirischen Datenerhebung haben die Funktion, Ausschnitte der Realität, die in einer Untersuchung interessieren, möglichst genau zu beschreiben oder abzubilden. Im Vordergrund bei den sog. quantitativen Methoden steht die Frage, wie die zu erhebenden Merkmale operationalisiert bzw. quantifiziert werden sollen" (Bortz/Döring, 2006). Im Rahmen der vorliegenden Arbeit sollen sämtliche Unternehmen, die per 31.12.2017 im Wiener Börse Index (WBI) bzw. im Composite Deutscher Aktienindex (CDAX) enthalten waren, untersucht werden – diese bilden somit die Grundgesamtheit. Der WBI wurde als Gesamtmarktindex konzipiert und besteht aus allen österreichischen Aktien, die im Amtlichen Handel und im Geregelten Freiverkehr der Wiener Börse gehandelt werden. Der CDAX wird, wie beispielsweise auch DAX und ATX, als Kurs- und Performance-Index berechnet, hier sind sämtliche deutsche Unternehmen aus dem Prime Standard und General Standard vertreten. Die Indizes präsentieren die gesamte Breite der untersuchten Aktienmärkte und bieten sich als geeignete Indikatoren für die geplante Untersuchung an. Da diese Indizes sowohl Stamm- als auch Vorzugsaktien enthalten, würden einige CEOs zwei verschiedene Performancekennzahlen vorweisen. Es gibt auch eine Reihe von Unternehmen, die nur mit ihren Vorzugsaktien (vor allem im CDAX) gelistet sind und deren Stammaktien nicht börsennotiert sind. Solche Unternehmen besitzen in der Regel einen hohen Streubesitz bei börsennotierten, nicht stimmberechtigten Vorzugsaktien und gleichzeitig eine sehr hohe Eigentümerkonzentration bezüglich der nicht gelisteten Stammaktien. Aus diesem Grund sind sie jedoch nicht repräsentativ für die Mehrheit der börsennotierten Unternehmen (Ampenberger, 2010). Um dieses Problem der doppelten Performance-Zählung zu vermeiden, wurden sämtliche Vorzugsaktien aus der Datensammlung entfernt, um die Untersuchung lediglich mit Stammaktien durchzuführen[1]. Unternehmen und deren CEOs, welche sich in einem laufenden Insolvenzverfahren, in Auflösung oder in Abwicklung befinden, wurden ebenfalls ausgeschlossen.

---

[1] Im Fall von BayWa AG wurde die Stammaktie mit der ISIN DE0005194062 herangezogen, da diese einen weitaus größeren Anteil am Grundkapital repräsentiert.

In einem nächsten Schritt wurden sämtliche per 31.12.2017 amtierende CEOs identifiziert und hinsichtlich einer Amtszeit von mindestens fünf Jahren gefiltert. Somit ist sichergestellt, dass die CEOs ausreichend Zeit hatten, ihre strategischen Vorstellungen umzusetzen und genügend Einfluss auf die Organisation entfalten konnten. Dazu zählt auch, dass das Unternehmen des jeweiligen CEOs mindestens 2 Jahre börsennotiert gewesen sein muss. Hintergrund dieser Entscheidung ist, dass es ebenso als strategische Handlung zu werten ist, wenn ein CEO sich für einen Gang an die Börse entscheidet. Für die Eingrenzung auf mindestens 2 Jahre spricht, dass bei Unternehmen mit kürzerer Notiz oftmals kein gesichertes Datenmaterial zu Verfügung stand.

Bei Unternehmen, die keinen einzelnen Vorstandsvorsitzenden bzw. keine einzelne Vorstandsvorsitzende, sondern einen Mehrpersonenvorstand besitzen, wurde der längstdienende Vorstand herangezogen (zum Beispiel im Fall von Josef Manner & Comp AG). Anschließend wurde der Total Return (beinhaltet die Aktienkursentwicklung, reinvestierte Dividenden und Aktiensplits) der Unternehmen mit Ende des 1. Jahres des CEOs bis zum 31.12.2017 mit Hilfe der Datenbanken Bloomberg, Thomas Reuters Eikon und Datastream gesammelt. Wenn ein CEO beispielsweise seit dem 25.03.2012 im Amt ist, wird das Startdatum 31.12.2012 gewählt. Grund dafür ist, dass die Datenprovider Bloomberg und Reuters oftmals lediglich das Startjahr des CEOs zu Verfügung stellen, somit wird eine Vereinheitlichung des Datenmaterials vorgenommen.

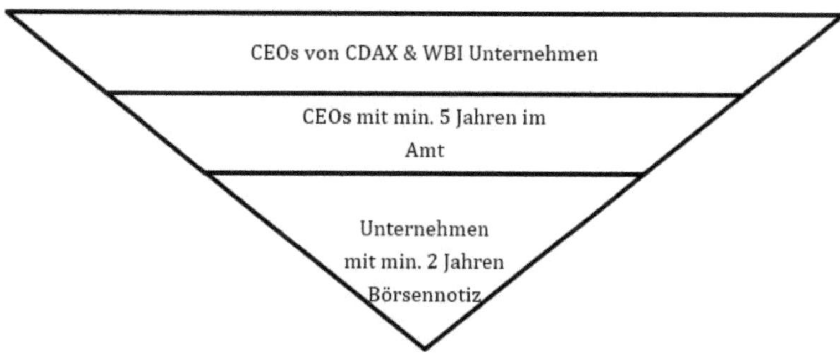

Abbildung 7: Übersicht über die verwendete Stichprobe

(Quelle: Eigene Darstellung)

Darauf folgend wird die Kennzahl „Gewichtete-Performance" in Anlehnung an die INSEAD Studie berechnet. Es soll ein Ranking der CEOs auf Basis von Total Return, länderbereinigten Renditen bei denen alle Anstiege ausgenommen sind, die sich nur auf eine Verbesserung des lokalen Aktienmarkts (WBI bzw. CDAX) zurückführen lassen, sowie auf Basis branchenbereinigter Renditen bei denen alle Zunahmen herausgerechnet sind, die lediglich auf einen allgemeinen Aufschwung der jeweiligen Branche zurückgehen (McGinn, 2017), erstellt werden. Da die Untersuchung auf Österreich und Deutschland eingegrenzt wurde, können währungs- und inflationsbedingte Anpassungen außer Acht gelassen werden. Zur Berechnung der branchenbereinigten Renditen wurde gemäß der Global Industry Classification Standard (GICS) Branchenklassifizierung ein Vergleichsindex ausgewählt. Dabei wurde auf die Granularität auf zweiter Ebene der insgesamt 24 Industriegruppen abgestellt. Diese Vorgehensweis bietet sich vor allem an, da MSCI dazu meist korrespondierende Indizes für Europa zu Verfügung stellt, welche einen soliden Proxy für die Branchenperformance darstellen. Nachstehende Tabelle 2 zeigt sämtliche Industriegruppen gemäß des Global Industry Classification Standards (GICS) samt korrespondierenden Indizes:

INDUSTRIEGRUPPE		Korrespondierender Index
1010	Energie	MXEU0EN Index
1510	Roh-, Hilfs- & Betriebsstoffe	MXEU0MT Index
2010	Investitionsgüter	MXEU0CG Index
2020	Gewerbliche Dienste & Betriebsstoffe	MXEU0CM Index
2030	Transportwesen	MXEU0TP Index
2510	Automobile & Komponenten	MSRLAUTO Index
2520	Gebrauchsgüter & Bekleidung	MSRLCDUR Index
2530	Verbraucherdienste	MXEU0CG Index
2540	Medien	MXEU0MD Index
2550	Groß- und Einzelhandel	MXEU0RT Index
3010	Lebensmittel- und Basisartikeleinzelhandel	MXEU0FD Index
3020	Lebensmittel, Getränke & Tabak	MXEU0FB Index
3030	Haushaltsartikel & Körperpflegeprodukte	MXEU0HP Index
3510	Gesundheitswesen: Ausstattung & Dienste	MSRLHCE Index
3520	Pharmazeutika, Biotechnologie & Biowissenschaften	MXEU0PB Index
4010	Banken	MXEU0BK Index
4020	Diversifizierte Finanzdienste	MSRLDF Index
4030	Versicherungen	MXEU0IS Index

	INDUSTRIEGRUPPE	Korrespondierender Index
4510	Software & Dienste	MXEU0SS Index
4520	Hardware & Ausrüstung	MXEU0TH Index
4530	Halbleiter & Geräte zur Halbleiterproduktion	MXEU0SE Index
5010	Telekommunikationsdienste	M7EU0TC Index
5510	Versorgungsbetriebe	MXEU0UT Index

Tabelle 2: GICS Industriegruppen

(Quelle: basierend auf MSCI, 2018)

Die Wahl zur Einschränkung der Untersuchungsperiode beginnend ab 31.12.1995 begründet sich dabei durch Restriktionen der Datenverfügbarkeit. So existiert der CDAX in seiner bestehenden Form erst seit 17. September 1993 (Deutsche Börse Webpage, 2018) und vollständige Preisdaten für die Industriegruppenindizes sind erst ab 1995 verfügbar.

Es wurde für jeden CEO die Durchschnittsperformance aus Total Return, Total Return weniger lokaler Aktienindex und Total Return weniger Industriegruppenindex gebildet. Sortiert in abfallender Reihenfolge präsentiert das das finale Ergebnis des Rankings.

Die Management-Charakteristiken Geschlecht, Alter, Ausbildung, Amtszeit, die Eigentümerstruktur sowie die Kontrollvariablen Mitarbeiteranzahl, Marktkapitalisierung sowie Return on Assets und Tobin's q wurde ebenfalls mit Hilfe von Bloomberg und Reuters abgefragt. Da die Daten zu diesen Charakteristiken oftmals nicht lückenlos von den Providern zu Verfügung gestellt werden konnten, wurde auf Internetrecherche (Unternehmenswebsite, etc.) und auf die Datenbank Orbis zurückgegriffen. Schlussendlich ergibt diese Vorgehensweise vollständige Informationen zu 159 CEOs, davon 28 aus Österreich und 131 aus Deutschland.

3.2.3 Datenanalyse

Für die Analyse der Daten werden einerseits die abhängige Variable, welche die durchschnittliche Performance durch ein metrisches Messniveau abbildet und die unabhängigen Variablen, welche Charakteristiken von CEOs durch nominale und metrische Messniveaus widerspiegeln, herangezogen.

Die abhängige Variable stellt in dieser Arbeit die berechnete Durchschnittsperformance dar, die in weiterer Folge „Gewichtete Performance" genannt wird. Diese ist als metrisches Messniveau einzustufen und eignet sich dadurch hervorragend für die geplanten Auswertungen.

Als Kontrollvariablen für die gewichtete Performance soll unter anderem die Kennzahl Return on Assets (ROA) herangezogen werden. Diese ist von der Kapitalstruktur unabhängig– sie stellt das notwendige Gesamtkapital ins Verhältnis zum Jahresüberschuss nach Steuern und kann somit nicht durch Aufnahme von Fremdkapital beeinflusst werden. Des Weiteren kann sie über sämtliche Branchen hinweg verwendet werden (CFA Institute, 2016). Weitere verwendete Kontrollvariablen sind die Mitarbeiteranzahl, die Marktkapitalisierung sowie die weiter oben beschriebene Kennzahl Tobin's q. Die Auswahl wird insbesondere damit begründet, dass diese Variablen auch in verwandten Untersuchungen häufig Verwendung gefunden haben (Benmelech/Frydman, 2015; Peni, 2014). Die Kennzahlen ROA und Tobin's q dienen als direktes Maß für die Unternehmensperformance, während die Mitarbeiteranzahl und die Marktkapitalisierung ein Proxy-Maß für die Größe des Unternehmens sind (Beck/Demirgüç-Kunt/Maksimovic, 2005; Claessens/Djankov/Lang, 2000).

Die unabhängige Variablen wurden in Kapitel 2.5 theoretisch abgeleitet. Das CEO-Geschlecht und die wirtschaftliche Studienausbildung sind als nominales Messniveau zu klassifizieren. Die zwei Variablen werden somit zu 1 oder 0 zusammengefasst. Das Geschlecht wird mit 0 = männlich und 1 = weiblich kodiert. Sämtlichen CEOs, die ein wirtschaftliches Studium abgeschlossen haben, wird eine 1, den übrigen eine 0 zugeordnet. Das Lebensalter der CEOs sowie die Dauer der CEO-Amtszeit werden anhand eines metrischen Messniveaus ausgewertet. Der CEO als Eigentümer „CEO Anteil" wird zweistufig ausgewertet. Zuerst wird die Variable „CEO Anteil" mit nominalen Messniveau mittels T-Test ausgewertet wobei 0 für keine Unternehmensbeteiligung und 1 für eine Unternehmensbeteiligung steht. Anschließend werden die CEOs mit Unternehmensbeteiligung auf Basis metrischer Messniveaus getestet („CEO Anteil Höhe"), um den Zusammenhang zwischen der Höhe des Anteils und der Performance zu untersuchen.

Die Daten wurden anschließend mit Hilfe von SPSS analysiert. Zu Beginn erfolgt im Kapitel 4 eine Betrachtung der Daten in Form von Deskriptivstatistik. Von Interesse sind insbesondere Häufigkeiten, Lage- und Streuungsmaße sowie die Berechnung hinsichtlich einer Normalverteilung der Variablen. Dies dient vor allem dazu, ein besseres Verständnis der Daten zu erlangen, um in weiterer Folge die Ergebnisse besser auswerten und interpretieren zu können. Zur Messung der Normalverteilung wird sowohl auf graphische als auch mathematisch-statistische

Verfahren zurückgegriffen. Beispiele für graphische Analysetools sind beispielsweise Histogramme mit Normalverteilungsdichte und Q-Q-Plots. In der Explorativen Datenanalyse wird ein Quantil-Quantil-Diagramm bzw. Q-Q-Plot als „ideal" klassifiziert und als ein „unmissverständlicher" Hinweis auf eine Normalverteilung gedeutet, wenn sich die Punktekette aus dem Zusammenspiel von empirischen Quantilen und den Quantilen der Standardnormalverteilung an der sogenannten Normalitätsgeraden „eng anliegend entlang schlängelt". Als mathematisch-statistisches Verfahren wird vor allem der Kolmogorov-Smirnov Test herangezogen. Der Kolmogorov-Smirnov-Anpassungstest erfährt in der angewandten Statistik eine breite Anwendung, da er für ein metrisches Erhebungsmerkmal gleichermaßen Abweichungen in den Lage-, Streuungs-, Schiefe- und Wölbungsparametern einer empirisch beobachteten Verteilung im Vergleich zu einer theoretisch erwarteten Verteilung aufzudecken vermag (Eckstein, 2012).

Jedem Untersuchungsobjekt (CEO) sind zwei Messwerte oder Merkmalsausprägungen (CEO-Performance und Charakteristik) zugeordnet. Die Enge des Zusammenhanges wird im Idealfall mit einem Korrelationskoeffizienten quantifiziert, dessen statistische Bedeutsamkeit ein Signifikanztest überprüft (Bortz/Döring, 2006).

Für metrische normalverteilte Variablen soll der Maßkorrelationskoeffizient, der auch als bivariater Korrelationskoeffizient nach BRAVAIS und PEARSON oder als PEARSONsche Korrelationskoeffizient bezeichnet wird, herangezogen werden. Für metrische Variablen ohne Normalverteilung soll ein in der empirischen Wirtschaftsforschung häufig appliziertes Zusammenhangsmaß im Kontext einer Rangkorrelationsanalyse, der Rangkorrelationskoeffizient nach SPEARMAN, verwendet werden (Eckstein, 2012). Für die Untersuchung von Zusammenhängen mit verschiedenen Skalenniveaus gilt, dass jeweils das Maß für die Variable mit dem niedrigeren Skalenniveau einsetzbar ist. Der Nachteil daran ist, dass dies zu einem Informationsverlust führt, da Informationen aus der Skala mit dem höheren Skalenniveau (Rangfolge der Merkmalsklassen, Größe der Merkmalswerte) nicht einfließen. Das Zusammenhangsmaß Eta berücksichtigt die Unterscheidung zwischen abhängiger und unabhängiger Variable. Dieser Koeffizient beschreibt den Zusammenhang zwischen einer nominal- oder ordinal-skalierten unabhängigen Variable und einer intervall-skalierten abhängigen Variable (Grünwald, 2018). Es eignet sich daher für die Auswertung der ersten und fünften Hypothese.

3.2.4 Zusammenfassung der Untersuchungsvariablen

Folgende Tabelle fasst die soeben beschriebene Variablen kompakt zusammen:

Name der Variable	Skalenniveau	Erklärung
Gewichtete Performance (abhängige Variable)	metrisch	[-∞%;+∞%]
CEO Geschlecht (unabhängige Variable)	nominal	0 = männlich 1 = weiblich
CEO Alter (unabhängige Variable)	metrisch	[0;+∞]
CEO Amtszeit (unabhängige Variable)	metrisch	[5;+∞]
CEO Anteil (unabhängige Variable)	nominal	0 = Keine Unternehmensbeteiligung 1 = Unternehmensbeteiligung
CEO Anteil Höhe (unabhängige Variable)	metrisch	[0;+∞%]
Wirtschaftliches Studium (unabhängige Variable)	nominal	0 = Keine Wirtschaftliches Studium 1 = Wirtschaftliches Studium
Return on Assets (ROA) (Kontrollvariable Performance)	metrisch	[-∞%;+∞%]
Tobin's q (Kontrollvariable Performance)	metrisch	[-∞%;+∞%]
Anzahl der Mitarbeiter (Kontrollvariable Unternehmensgröße)	metrisch	[0;+∞]
Marktkapitalisierung (Kontrollvariable Unternehmensgröße)	metrisch	[0;+∞]

Tabelle 3: Zusammenfassung der Untersuchungsvariablen

(Quelle: Eigene Darstellung)

4 Ergebnisse

Ziel dieses Kapitels ist, den Einfluss spezifischer persönlicher Charakteristika auf die Performance zu untersuchen. Dies erfolgt anhand der in Kapitel 2.5 aufgestellten Hypothesen. Die Analyse bedient sich diverser Auswertungsmethoden, welche in Kapitel 3.2.3 angeschnitten und in Kapitel 4.2 detaillierter beschrieben werden. Robustheitsschecks und Sensitivitätsanalysen geben Aufschluss über die Stabilität der Ergebnisse. Eine Zusammenfassung der gewonnenen Erkenntnisse aus der Erstellung der Rangliste erfolgt in Kapitel 4.1. Vorab sei festgehalten, dass die Beschreibung und Analyse sämtlicher CEOs und der korrespondierenden gesammelten Werte in anonymisierter Form erfolgt. Diese Vorgehensweise wurde gewählt, weil nicht sichergestellt werden kann, dass die genannten Personen mit der Nennung innerhalb dieser Arbeit einverstanden sind. Des Weiteren liegt es auf der Hand, dass nicht jeder den Durchschnitt schlagen kann und eine namentliche Auflistung auch den Fokus auf Underperformer lenken würde.

4.1 Deskriptive Beschreibung des Datensets

Nachdem der Datensatz anhand der Kriterien aus dem vorhergehenden Kapitel gefiltert und bearbeitet wurde, verblieben von insgesamt 453 möglichen CEOs 159. Dies ist vor allem darauf zurückzuführen, dass der Großteil der CEOs noch keine 5 Jahre im Amt ist. Dies deckt sich auch mit Beobachtungen aus den Vereinigten Staaten, wo die Fluktuation der CEOs von großen Unternehmen in der jüngeren Vergangenheit kontinuierlich anstieg. So betrug die Fluktuation in der Periode von 1992 bis 2005 14,9%, was eine durchschnittliche Amtszeit von ungefähr sieben Jahren bedeutet. Wird die Periode jedoch auf den Zeitraum ab 1998 eingegrenzt, steigt die CEO-Fluktuation auf 16,5%, also eine durchschnittliche Amtszeit von nur noch knapp über sechs Jahren (Kaplan/Minton, 2006). Die Gründe für den hohen „CEO Turnover" sind vielfältig, Lausten (2002) führt beispielsweise Unterschiede der Corporate Governance Systeme bezogen auf CEOs dänischer Unternehmen an. Die CEOs des zugrundeliegenden Datenmaterials weisen im Mittel eine Amtszeit von 11,66 Jahren auf, der Median liegt bei 10. Interessant zu erwähnen ist auch der längstdienende CEO, der mit 48 Jahren beinahe ein halbes Jahrhundert lang Vorstandsvorsitzender seines Unternehmens ist (Tabelle 4).

Problematisch für die Auswertung ist die Charakteristik „CEO Geschlecht", da das finale Datenset lediglich 4 weibliche CEOs beinhaltet. Zwar befinden sich mehrere Frauen in Vorstandspositionen, jedoch nicht als Vorstandvorsitzende, insbesondere über mehr als 5 Jahre. Das Bild zeigt, dass sich in Österreich nur in neun der

63 im Wiener Börse Index (WBI) notierten Unternehmen überhaupt ein weibliches Vorstandsmitglied befindet. Mehr als eine Frau im Vorstand gibt es dann nur noch in zwei Unternehmen: der Vienna Insurance Group (VIG) und Atrium European Real Estate, der Nachfolgefirma von Meinl European Land. Die Tendenz zu mehr weiblichen Führungskräften zeigt jedoch klar noch oben (DiePresse.at, 2017). Ähnlich ist die Situation in Deutschland: Eine Frau kommt in den Vorständen deutscher börsennotierter Unternehmen im Schnitt auf 13 Männer. Keine einzige Frau führt einen der 30 Dax-Konzerne, doch der Anteil weiblicher Vorstände ist hier vergleichsweise am höchsten. Inzwischen haben 21 Unternehmen der deutschen Top-Börsenkonzerne mindestens ein weibliches Vorstandsmitglied. In vielen deutschen Unternehmen ist derzeit noch immer keine einzige Frau im Vorstand, auch wenn eine positive Tendenz erkennbar ist (Spiegel Online, 2018).

Die CEOs im finalen Datenset sind zwischen 41 und 78 Jahre alt. Das durchschnittliche Alter beträgt ~55 Jahre und bestätigt somit ein oft vorherrschendes Klischee vom „Old-Boys Network" an der Spitze der Unternehmen (Oakley, 2000). Aus Abbildung 8 geht hervor, dass das Alter der CEOs in der Stichprobe annähernd normalverteilt ist. Somit zeigt das Histogramm die Eignung dieser Variable für eine Untersuchung anhand der Pearsonkorrelation. Um sicherzugehen wurden ergänzend ein Q-Q Plot sowie statistisch-mathematische Verfahren durchgeführt (Anhang A).

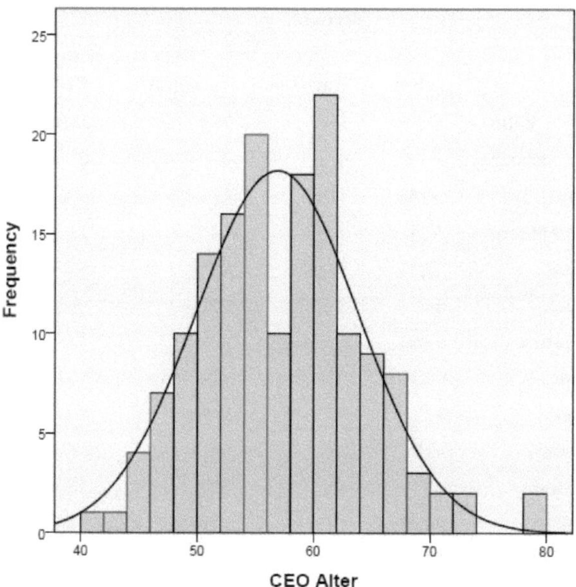

Abbildung 8: Histogramm CEO Alter

(Quelle: Eigene Darstellung)

Für die Charakteristik der CEO als Eigentümer („CEO Anteil") wurden überraschende Ergebnisse gefunden. Fast die Hälfte der CEOs besitzt keinen Eigenkapitalanteil an dem Unternehmen, dem sie vorstehen. Die Anteile liegen zudem sehr weit gestreut, viele besitzen nichts, ein Vorstand hingegen bis zu 94 % des Unternehmens. Zusätzlich zeigen die berechneten Lage- und Streuungsmaße deutliche Unterschiede. So wurde der Anteilsbesitz im Mittelwert mit 11,12 % berechnet, der Median liegt allerdings bei lediglich 0,01 %, dementsprechend hoch ist auch die Standardabweichung mit 20,36 % (Siehe Tabelle 4). Diese Verteilung bestätigt die Vorgehensweise, diese Charakteristik anhand von 2 Hypothesen zu testen. Da die Variable selbst nach Bereinigung sämtlicher CEOs mit keiner Beteiligung nicht normalverteilt ist (siehe insbesondere Anhang A), wird zur Analyse eine einseitige Spearmankorrelation verwendet.

Statistik		CEO Alter	CEO Amtszeit	CEO Anteil	Gewichtete Performance
N	Valid	159	159	159	159
	Missing	0	0	0	0
Mean		56,85	11,66	11,12%	5,6482%
Std. Error of Mean		,554	,508	1,615%	1,03878%
Median		57,00	10,00	,01%	5,2367%
Mode		61	5a	0%	-47,10%a
Std. Deviation		6,981	6,406	20,359%	13,09857%
Variance		48,737	41,036	414,486	171,573
Range		37	43	94%	90,84%
Minimum		41	5	0%	-47,10%
Maximum		78	48	94%	43,75%
Sum		9039	1854	1767%	898,07%
Percentiles	25	52,00	7,00	0,00%	-2,2051%
	50	57,00	10,00	,01%	5,2367%
	75	61,00	16,00	15,68%	12,8350%

Tabelle 4: Deskriptiv-Statistik Lage- und Streuungsmaße

(Quelle: Eigene Darstellung)

Die Ausbildung der CEOs teilt sich nahezu gleichermaßen in wirtschaftlich und nicht wirtschaftlich auf. Genau 48,6 % der CEOs besitzen einen wirtschaftlichen Studienabschluss, während 51,4 % ein alternatives Studium wählten. Ergänzend muss allerdings angemerkt werden, dass von 11 der 159 CEOs im Datenset keine Auskünfte bezüglich der akademischen Ausbildung erhoben werden konnte. Teilweise, weil kein Studium absolviert wurde, und andererseits, weil keine Informationen diesbezüglich gefunden werden konnten (Details siehe Tabelle 5).

Wirtschaftliches Studium		Frequency	Percent	Valid Percent	Cumulative Percent
Valid	No	76	47,8	51,4	51,4
	Yes	72	45,3	48,6	100,0
	Total	148	93,1	100,0	
Missing	System	11	6,9		
Total		159	159	100,0	

Tabelle 5: Deskriptiv-Statistik CEO Ausbildung

(Quelle: Eigene Darstellung)

Die hohe Anzahl an CEOs mit wirtschaftlichen Studium ist überraschend, wenn betrachtet wird, dass beispielsweise in Österreich seit dem Jahr 1971/72 im Schnitt lediglich 9,5 % der belegten ordentliche Studien an öffentlichen Universitäten den Sozial- und Wirtschaftswissenschaften zurechenbar waren (Statistik Austria, 2018). In Deutschland waren im Wintersemester 2016/17 immerhin knappe 24 % der Studierenden an deutschen Hochschulen in den 20 am stärksten besetzten Studienfächern in wirtschaftlichen Zweigen inskribiert (Statistisches Bundesamt, 2017).

Die zentrale Frage dieser Arbeit dreht sich um die Performance. Um zu sehen wie gut sich die CEOs in der Stichprobe geschlagen haben, wurden auch für die abhängige Variable deskriptive Untersuchungen angestellt. Es zeigt sich, dass die Vorstände im Durchschnitt eine gewichtete annualisierte Performance von 5,65 % erwirtschaftet haben. Der Median beträgt 5,24 % und die Standardabweichung 13,10 %. Beträchtlich ist auch der Unterschied zwischen dem Spitzenreiter mit 43,75 % gewichteter Performance und dem Letztplatzierten mit -47,10 % (siehe Tabelle 4). Das Histogramm gibt abermals Aufschlüsse über die Normalverteilung. Auch hier wurde ergänzend ein Q-Q Plot durchgeführt um die Normalverteilung zu bestätigen (Anhang A).

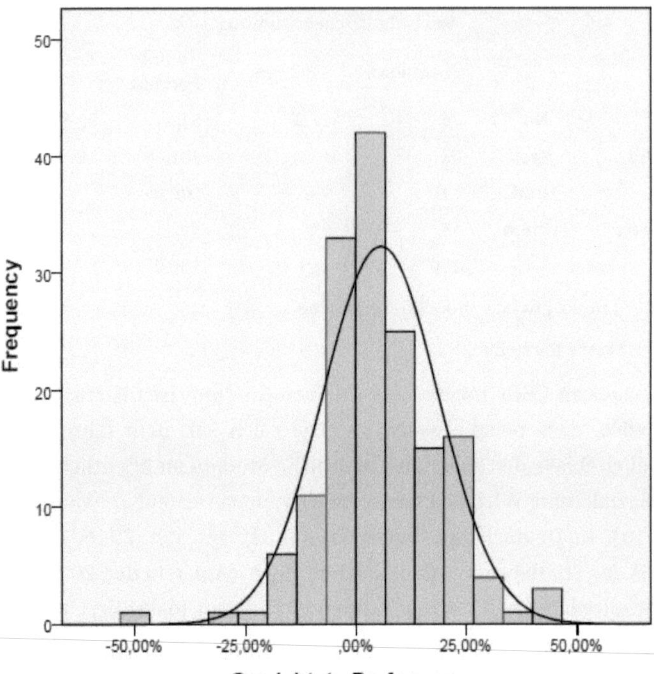

Abbildung 9: Histogramm Gewichtete Performance

(Quelle: Eigene Darstellung)

Wie in Kapitel 3.2.2 Datensammlung und Datenerfassung beschrieben, wurde zur Identifizierung der Branchenvergleichsgruppe auf die GICS Industriegruppenklassifizierung zurückgegriffen. Der größte Anteil der Unternehmen innerhalb der Stichprobe ist mit 14 % der Industriegruppe Capital Goods zugeordnet, danach folgt mit 10 % Software & Service und Real Estate mit 8%. In jeder der insgesamt 24 Industriegruppen findet sich zumindest 1 Unternehmen aus der Stichprobe und es sollte kein Übergewicht einzelner Branchen bestehen.

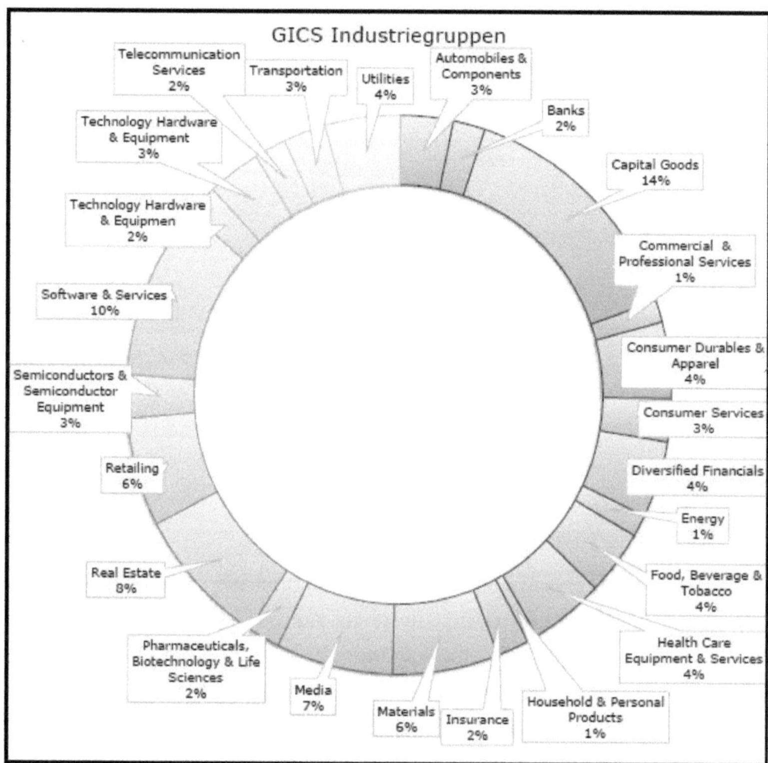

Abbildung 10: Deskriptiv-Statistik Industriegruppen

(Quelle: Eigene Darstellung)

Wie aus Tabelle 6 hervorgeht, wurden im Rahmen der Untersuchung 131 der insgesamt 159 CEOs mit dem CDAX und 28 mit dem WBI verglichen. Im Durchschnitt erzielten die deutschen CEOs eine Outperformance von ca. 1,1 % und die österreichischen sogar 2,5 %. Es kann jedoch nicht generell gesagt werden, dass der deutsche Länderindex bessere Renditen gezeigt hat, da diese Werte über die jeweilige Amtszeit des CEOs gemessen wurden.

Länderindex				
		Frequency	Percent	Valid Percent	Cumulative Percent
Valid	CDAX	131	82,4	82,4	82,4
	WBI	28	17,6	17,6	100,0
	Total	159	100,0	100,0	

Tabelle 6: Deskriptiv-Statistik Länderindex

(Quelle: Eigene Darstellung)

Zusammenfassend ergab die Datensammlung zwar eine deutliche Verkleinerung der Ausgangsbasis, es konnte jedoch für den Großteil der gesuchten Variablen Werte gefunden werden. Probleme gab es allerding beim Geschlecht des CEOs, hier konnten lediglich 4 weibliche Vorstände mit genügend langer Amtszeit identifiziert werden.

4.2 Hypothesentestung

Zu Beginn der quantitativen Auswertung wurden die in Kapitel 3.2.3 und 3.2.4 beschriebenen Kontrollvariablen, in Bezug auf die abhängige Variable „Gewichtete Performance" untersucht. Im Folgenden sind signifikante Werte auf dem 1 % Niveau mit ** und auf dem 5 % Niveau mit * gekennzeichnet. Insgesamt zeigt sich, dass die Kontrollvariablen die abhängige Variable äußerst robust bestätigen. So zeigen vor allem die Kennzahlen „Return on Assets" und „Tobin's q" einen Pearson Korrelationskoeffizienten von 0,380 und 0,332 sowie einen Spearman Korrelationskoeffizienten von 0,468 und 0,412 jeweils auf dem 1% Signifikanzniveau. Diese Ergebnisse stärken somit die gewählte Variable, auch da beide Kontrollvariablen in der wissenschaftlichen Diskussion häufig als Performancemaß herangezogen werden (Adams/Almeida/Ferreira, 2005; Ou/Waldman/Peterson, 2015; Benmelech/Frydman, 2015; Peni, 2014). Die Kontrollvariablen „Anzahl der Mitarbeiter" und „Marktkapitalisierung", welche beide als Proxy für die Firmengröße interpretiert werden, zeigen unterschiedliche Ergebnisse. Zwar lässt sich ein positiver Pearson Korrelationskoeffizient für die gewichtete Performance erkennen, allerdings ist dieser nicht signifikant. Des Weiteren, zeigen die Korrelationen mit den beiden anderen Performancestellvertretern (ROA & Tobin's q) leicht positive bzw. leicht negative Koeffizienten. Ein Wert um 0 ist ein Indiz dafür, dass zwischen den Merkmalen statistisch kein linearer Zusammenhang nachweisbar ist bzw. dass die Merkmale voneinander unabhängig sind. Beachtenswert ist dabei, dass der Maßkorrelationskoeffizient stets nur die Stärke und die Richtung eines linearen statistischen Zusammenhangs zwischen zwei metrischen Merkmalen messen kann (Eckstein, 2012). Die Spearman Korrelation der beiden Firmengrößen Variablen („Anzahl der Mitarbeiter" und „Marktkapitalisierung") mit der „Gewichteten Performance" sind deutlich robuster. So ergibt die Rangkorrelationsanalyse 0,186 und 0,401 für die Anzahl der Mitarbeiter bzw. die Marktkapitalisierung.

4.2.1 CEO Geschlecht

Wie im Unterkapitel 4.2.1 beschrieben, waren lediglich vier CEOs im endgültigen Datenset weiblich. Da mit der geringen Anzahl von weiblichen CEOs in der Stichprobe keine sinnvollen Auswertungen angestellt werden können, muss Hypothese 1 letztendlich ausgeschlossen werden.

CEO Geschlecht					
		Frequency	**Percent**	**Valid Percent**	**Cumulative Percent**
Valid	**Male**	155	97,5	97,5	97,5
	Female	4	2,5	2,5	100,0
	Total	159	100,0	100,0	

Tabelle 7: Deskriptiv-Statistik CEO Geschlecht

(Quelle: Eigene Darstellung)

4.2.2 CEO Alter

Das in der empirischen Wirtschafts- und Sozialforschung wohl am häufigsten applizierte Zusammenhangsmaß im Kontext einer bivariaten Maßkorrelationsanalyse ist der Maßkorrelationskoeffizient, der auch als bivariater Korrelationskoeffizient nach BRAVAIS und PEARSON oder als PEARSONsche Korrelationskoeffizient bezeichnet wird (Eckstein, 2012). Zur Testung der zweiten Hypothese wurde darauf zurückgegriffen. Tabelle 8 zeigt die Ergebnisse der einseitigen Pearson Korrelation zwischen dem Alter der CEOs und der gewichteten Performance. Zur Erinnerung:

H2: Jüngere CEOs erzielen eine bessere Performance als ältere CEOs.

Die Ergebnisse zeigen, dass der Korrelationskoeffizient von -0,137 diese Hypothese mit einem Signifikanzniveau $p<0,05$ (0,043) bestätigt. Ein Wert in der Höhe von -0,137 ist zwar als schwach zu interpretieren, demungeachtet stimmt die vorhergesagte Richtung der Hypothese.

4.2.3 Langzeit-CEO

Wie bereits **H2**, wird auch die dritte Hypothese anhand einer Pearson Korrelation getestet. Die abhängige Variable „Gewichtete Performance" wird ins Verhältnis zur unabhängigen Variable „CEO Amtszeit" gesetzt. Zur Erinnerung:

H3: Zwischen der Dauer der CEO Amtszeit und der Performance besteht ein positiver Zusammenhang.

Die Auswertungen ergeben einen signifikanten Korrelationskoeffizienten von -0,151 auf einem Signifikanzniveau $p < 0,05$ (0,029). Es zeigt sich also ein negativer Zusammenhang zwischen der Amtszeit der CEOs und der Performance. Somit konnte die Hypothese nicht bestätigt werden. Wichtig anzumerken ist dabei, dass sich jedoch widersprüchliche, wenn auch nicht signifikante, Ergebnisse in Bezug auf die beide Performance Kontrollvariablen zeigen. So berechnet sich ein ebenfalls negativer Maßkorrelationskoeffizient von -0,118 für ROA aber ein minimal positiver von 0,073 für Tobin's (siehe Tabelle 8).

		Gewichtete Performance	CEO Alter	CEO Amtszeit	Return on Assets (ROA)	Tobins Q	Anzahl der Mitarbeiter	Marktkapitalisierung
Gewichtete Performance	Pearson Correlation	1	-,137[*]	-,151[*]	,380[**]	,332[**]	,059	,125
	Sig. (1-tailed)		,043	,029	,000	,000	,229	,058
	N	159	159	159	159	156	159	159
CEO Alter	Pearson Correlation	-,137[*]	1	,371[**]	-,113	-,093	,077	,069
	Sig. (1-tailed)	,043		,000	,078	,123	,166	,195
	N	159	159	159	159	156	159	159
CEO Amtszeit	Pearson Correlation	-,151[*]	,371[**]	1	-,118	,073	-,112	-,129
	Sig. (1-tailed)	,029	,000		,069	,182	,080	,053
	N	159	159	159	159	156	159	159
Return on Assets (ROA)	Pearson Correlation	,380[**]	-,113	-,118	1	,147[*]	,005	,062
	Sig. (1-tailed)	,000	,078	,069		,034	,474	,220
	N	159	159	159	159	156	159	159
Tobins Q	Pearson Correlation	,332[**]	-,093	,073	,147[*]	1	-,090	-,027
	Sig. (1-tailed)	,000	,123	,182	,034		,133	,368
	N	156	156	156	156	156	156	156
Anzahl der Mitarbeiter	Pearson Correlation	,059	,077	-,112	,005	-,090	1	,740[**]
	Sig. (1-tailed)	,229	,166	,080	,474	,133		,000
	N	159	159	159	159	156	159	159
Marktkapitalisierung	Pearson Correlation	,125	,069	-,129	,062	-,027	,740[**]	1
	Sig. (1-tailed)	,058	,195	,053	,220	,368	,000	
	N	159	159	159	159	156	159	159

Tabelle 8: Pearson Korrelation Ergebnis

(Quelle: Eigene Darstellung)

4.2.4 Der CEO als Eigentümer

Da mehr als die Hälfte der CEOs im vorliegenden Datenmaterial keinen Anteilsbesitz vorweisen, bietet sich ein zweistufiger Test an. In einem ersten Schritt wird mittels T-Test geprüft, ob CEOs mit oder ohne Unternehmensbesitz besser abschneiden. In einem zweiten Schritt wird dann, mit den CEOs mit Unternehmensbeteiligung > 0 %, eine Rangkorrelationsanalyse durchgeführt. Da das metrische Erhebungsmerkmal „CEO Anteil" im vorliegenden Datenmaterial nicht als normalverteilt angesehen werden kann, ist es geboten, eine Rangkorrelationsanalyse durchzuführen. Für die Prüfung der Normalverteilung wurde ein Histogramm angefertigt (siehe Anhang A) sowie die in Kapitel 4.1 beschriebenen Lage- und Streuungsmaße herangezogen. Zur Erinnerung:

H4a: CEOs mit Beteiligung am geführten Unternehmen zeigen eine bessere Performance als CEOs ohne Beteiligung.

H4b: Die Höhe der Beteiligung des CEOs am geführten Unternehmen wirkt sich positiv auf die Performance aus.

Die Ergebnisse bestätigen die Hypothese 4a nicht. CEOs ohne Anteilsbesitz am Unternehmen erreichten im Mittelwert 6,6 % Performance, während CEOs mit Beteiligung lediglich 4,7 % erwirtschafteten (Tabelle 9). Die Auswertung des T-Tests zeigt jedoch keine signifikanten Ergebnisse (Tabelle 10).

Die Ergebnisse bezüglich Hypothese H4b zeigen einen signifikanten Spearman Korrelationskoeffizienten von -0,296 mit einem Signifikanzniveau p<0,05 (0,004) (Tabelle 11). Folglich kann auch diese Hypothese nicht bestätigt werden. Im Gegenteil, die Analyse ergibt einen signifikant negativen Zusammenhang, wenngleich dieser doch als eher schwach zu interpretieren ist.

4.2.5 CEO Ausbildung

Wie in Kapitel 2.5.5 dargelegt, wird mit der fünften Hypothese die Auswirkung der Studienrichtung auf die Performance der CEOs untersucht. Dies wurde mit Hilfe eines T-Tests und des Korrelationskoeffizienten Eta durchgeführt. Zur Erinnerung:

H5: Zwischen CEOs mit betriebswirtschaftlichen Studienabschluss und der Performance besteht ein positiver Zusammenhang.

Manager und Managerinnen mit wirtschaftlicher Ausbildung, konnten im Durchschnitt eine gewichtete Performance von 6,10% erreichen, während die Gruppe der restlichen CEOs, für welche Datenmaterial vorliegt, auf 5,80% kommt. Die Ergebnisse des T-Tests waren nicht signifikant (Tabelle 13), somit kann auch Hypothese 5 nicht bestätigt werden. Tabelle 14 zeigt den Zusammenhang zwischen der unabhängigen, nominalskalierten Variable „CEO Ausbildung" und der abhängigen, intervallskalierten Variable „Gewichtete Performance" in Form von Eta.

Gruppenstatistik					
CEO_Anteil		**N**	**Mean**	**Std. Deviation**	**Std. Error Mean**
Gewichtete Performance	**No**	78	6,6419%	13,31176%	1,50726%
	Yes	81	4,6913%	12,89994%	1,43333%

Tabelle 9: Ergebnisse H4 (1)

(Quelle: Eigene Darstellung)

		Levene's Test for Equality of Variances		t-test for Equality of Means					95% Confidence Interval of the Difference	
		F	Sig.	t	df	Sig. (2-tailed)	Mean Difference	Std. Error Difference	Lower	Upper
Gewichtete Performance	Equal variances assumed	,005	,943	,938	157	,350	1,95055%	2,07872%	-2,15532%	6,05643%
	Equal variances not assumed			,938	156,248	,350	1,95055%	2,07997%	-2,15792%	6,05903%

Tabelle 10: Ergebnisse H4 (2)

(Quelle: Eigene Darstellung)

Spearman Korrelation

			Gewichtete Performance	CEO Anteil Höhe	Return on Assets (ROA)	Tobins Q	Anzahl der Mitarbeiter	Marktkapitalisierung
Spearman's rho	Gewichtete Performance	Correlation Coefficient	1,000	-,296**	,468**	,412**	,186**	,401**
		Sig. (1-tailed)		,004	,000	4,57017E-08	,009	,000
		N	159	81	159	156	159	159
	CEO Anteil Höhe	Correlation Coefficient	-,296**	1,000	0,005815365	-0,093	-,268**	-,327**
		Sig. (1-tailed)	,004		,479	0,208700857	,008	,001
		N	81	81	81	79	81	81
	Return on Assets (ROA)	Correlation Coefficient	,468**	,006	1,000	,472**	,058	,214**
		Sig. (1-tailed)	,000	,479		,000	,234	,003
		N	159	81	159	156	159	159
	Tobins Q	Correlation Coefficient	,412**	-,093	,472**	1,000	-,037	,164*
		Sig. (1-tailed)	,000	,209	,000		,322	,020
		N	156	79	156	156	156	156
	Anzahl der Mitarbeiter	Correlation Coefficient	,186**	-,268**	,058	-,037	1,000	,802**
		Sig. (1-tailed)	,009	,008	,234	,322		,000
		N	159	81	159	156	159	159
	Marktkapitalisierung	Correlation Coefficient	,401**	-,327**	,214**	,164*	,802**	1,000
		Sig. (1-tailed)	,000	,001	,003	,020	,000	
		N	159	81	159	156	159	159

Tabelle 11: Ergebnisse H4 (3)

(Quelle: Eigene DarstellungGruppenstatistik					
Wirtschaftliches Studium		N	Mean	Std. Deviation	Std. Error Mean
Gewichtete Performance	No	76	5,7984%	14,50557%	1,66390%
	Yes	72	6,0978%	12,07915%	1,42354%

Tabelle 12: Ergebnisse H5 (1)

(Quelle: Eigene Darstellung)

		Test								
		Levene's Test for Equality of Variances				t-test for Equality of Means				
		F	Sig.	t	df	Sig. (2-tailed)	Mean Difference	Std. Error Difference	95% Confidence Interval of the Difference	
									Lower	Upper
Gewichtete Performance	Equal variances assumed	1,802	,182	-,136	146	,892	-,29942%	2,20057%	-4,64851%	4,04968%
	Equal variances not assumed			-,137	143,668	,891	-,29942%	2,18976%	-4,62772%	4,02889%

Tabelle 13: Ergebnisse H5 (2)

(Quelle: Eigene Darstellung)

Richtungsmaß			
			Value
Nominal by Inter-val	**Eta**	Wirtschaftliches Studium Dependent	1,000
		Gewichtete Performance Dependent	,011

Tabelle 14: Ergebnisse H5 (3)

(Quelle: Eigene Darstellung)

4.2.6 Zusammenfassung der Ergebnisse

Tabelle 15 bildet alle untersuchten Hypothesen ab. Im Anschluss daran folgt eine Diskussion der Ergebnisse und das abschließende Kapitel der Arbeit mit Schlussfolgerungen und Implikationen für Forschung und Praxis.

Bezeichnung	Hypothese	Prognostizierte Richtung des Zusammenhangs	Ergebnis Richtung des Zusammenhangs	Hypothese bestätigt?
H1	Weibliche CEOs erzielen im Durchschnitt eine bessere Performance als männliche CEOs.	Hypothese konnte nicht getestet werden		
H2	Jüngere CEOs erzielen eine bessere Performance als ältere CEOs.	(−)	(−)	(✓)
H3	Zwischen der Dauer der CEO Amtszeit und der Performance besteht ein positiver Zusammenhang.	(+)	(−)	(×)
H4a	CEOs mit Beteiligung am geführten Unternehmen zeigen eine bessere Performance als CEOs ohne Beteiligung.	(×)	(×)	(×)
H4b	Die Höhe der Beteiligung des CEOs am geführten Unternehmen wirkt sich positiv auf die Performance aus.	(+)	(−)	(×)
H5	Zwischen CEOs mit betriebswirtschaftlichen Studienabschluss und der Performance besteht ein positiver Zusammenhang.	(+)	(+)	(×)

Tabelle 15: Übersicht über alle Hypothesen

(Quelle: Eigene Darstellung)

5 Diskussion

5.1 Diskussion des Rankings

Im Zuge der Diskussion des Rankings sollen weitere ausgewählte Punkte näher betrachtet werden. Dies inkludiert eine Betrachtung des Survivorship Bias, der Unterschiede hinsichtlich der Upper-Echelon Theorie in Kontinentaleuropa und Amerika aber auch den höchsten Total Return, die Outperformance der Branche bzw. der Länderindizes.

1. Survivorship Bias

Im Durchschnitt erreichten die CEOs des vorliegenden Datenmaterials einen annualisierten Total Return in der Höhe von 10,38%. Diese Zahl erscheint sehr hoch und lässt den sogenannten Survivorship Bias außer Acht. Der Survivorship Bias ist ein Beispiel für eine statistische Stichprobenverzerrung, die dazu führt, dass in Studien die Erfahrungen weniger erfolgreicher Individuen nicht entsprechend berücksichtigt werden. Die Tatsache, dass Manager und Managerinnen als Gruppe meist schlecht abschneiden, schließt nicht aus, dass bestimmte Manager und Managerinnen besonders gute Ergebnisse erzielen. Angesichts der hohen Fluktuation von Managern und Managerinnen ist es denkbar, dass der Markt jene Manager und Managerinnen auswählt, die über spezielle Fähigkeiten verfügen. Geschickte Manager und Managerinnen sind diejenigen, die Erfolg haben und überleben (Brown/Goetzmann/Ibbotson et al., 1992). In der Vergangenheit erzielte Performance garantiert jedoch keine zukünftige Performance. Eine Untersuchung der Performance von Investmentfonds zeigt, dass Anleger mehr als nur vergangene Performance-Zahlen benötigen, um zukünftige Gewinner auszuwählen (Kahn/Rudd, 1995). Das vorliegende Datenmaterial ist, vor allem aufgrund der Tatsache, dass Manager und Managerinnen deren Unternehmen sich in Insolvenz etc. befinden ausgeschlossen wurden, von einem Survivorship Bias verzerrt. Um diese Problem zu umgehen, verwenden neuere Studien zufällig ausgewählte Stichproben die über die Untersuchungsperiode konstant sind (Anderson/Reeb, 2003; Palia/Lichtenberg, 1999). In der vorliegenden Arbeit fällt diese Möglichkeit aufgrund des gewählten Untersuchungsdesigns (es wurden lediglich CEOs mit mindestens fünf Jahren Amtszeit ausgewählt, Manager und Managerinnen deren Unternehmen Insolvenz anmelden muss, werden in den meisten Fällen abgesetzt) weg.

2. Gibt es Unterschiede hinsichtlich der Upper-Echelon Theorie in Kontinentaleuropa und Amerika?

Der Großteil der in Kapitel 2.1 beschriebenen Forschung hinsichtlich der Upper-Echelon Theorie wurde in den Vereinigten Staaten von Amerika durchgeführt (Norburn/Birley, 1988). Da das Corporate Governance System in Kontinentaleuropa jedoch wesentliche Unterschiede zum amerikanischen aufweist, stellt sich naturgemäß die Frage, ob die Theorie eins zu eins auf Europa übertragbar ist. Crossland und Hambrick (2007) haben gezeigt, welche großen Unterschiede bezüglich des CEO-Effekts in Amerika, Deutschland und Japan beobachtbar sind. Amerikanische CEOs beeinflussen die Unternehmensperformance stärker als Deutsche und wesentlich stärker als Japanische. Erstaunlicherweise finden sie aber auch einen großen Abstand zwischen Deutschland auf Platz 2 und Japan an der letzten Stelle. In japanischen Unternehmen ist ein sehr niedriges Maß an individuellen Ermessensspielraum beobachtbar, dies entspricht den sehr starken Werten von Kollektivismus und der Vermeidung von Unsicherheit. Eine weitere Studie zeigt den Einfluss des betriebswirtschaftlichen Ermessensspielraums des CEOs auf die Performance. Der Ermessenssspielraum wurde dabei durch Expertenumfragen für verschiedene Länder erhoben. Während die USA einen Wert von 6,6 erreichte, wurde für Deutschland 4,1, Österreich 3,8 und für das Schlusslicht Japan 3 Punkte angegeben. Zweitens wurde gezeigt, wie der Ermessensspielraum als Mediator zwischen nationale Institutionen und dem CEO-Effekt interpretiert werden kann (Crossland/Hambrick, 2011). Diese beobachtbaren Effekte sollten bei der Interpretation der vorliegenden Arbeit jedenfalls berücksichtigt werden. Vor allem für Deutschland wurden bereits auf die UET aufbauende Studien durchgeführt (Birkner, 2005; Patzelt/zu Knyphausen-Aufseß/Nikol, 2008; Reinmoeller, 2004; van Veen/Elbertsen, 2008). Zusammenfassend lässt sich daraus schlussfolgern, dass die Theorie auch auf Deutschland und Österreich anwendbar ist, die Ergebnisse müssen jedoch anders interpretiert werden.

3. Der höchste Total Return

Der CEO mit der höchsten absoluten Performance über die gesamte Laufzeit, vor Bereinigung um Branche bzw. Land, erwirtschaftete einen Total Return in der Höhe von 19.561 % (ausgeschrieben: neunzehntausendfünfhunderteinundsechzig) für seine Aktionäre. Hätte ein Investor zu Beginn seiner Amtszeit Vertrauen in den neuen Vorstand gezeigt und 1.000 Euro investiert, wären diese per 31.12.2017 zu 196.605 Euro angewachsen. Im Vergleich dazu stieg der CDAX in der selben Zeit um 382 % und der Vergleichsindex aus der Industriegruppe Software & Services um 366 %. Da jedoch immer der Kontext und der Zeitraum mitberücksichtigt werden müssen, reichte es für diesen CEO „nur" für Platz 4 des erstellten Rankings.

4. Outperformance der Branche

Zwei der 24 Branchen-Vergleichsindizes zeigten im Schnitt eine negative Performance. Die Manager und Managerinnen schafften es trotzdem im Durchschnitt positive Total Returns zu erwirtschaften. Für CEOs der Industriegruppe Banken ist eine durchschnittliche, annualisierte Performance von 6,58% beobachtbar, die Outperformance liegt im Mittel bei 10,82%. Dieser Umstand liegt vor allem daran, dass die Manager dieser Unternehmen während der Finanzkrise äußerst stabile Ergebnisse lieferten. In der Industriegruppe Technologie Hardware & Equipment konnten noch deutlichere Outperformance-Werte festgestellt werden. Hier erreichten die CEOs im Mittel eine Outperformance von 18,99% mit einer durchschnittlichen annualisierten Performance von 9,38%.

5. Outperformance der Länderindizes

CEOs aus dem CDAX haben im Durchschnitt 10,82% annualisierte Performance vorzuweisen, während die österreichischen Kollegen und Kolleginnen 8,31% für ihre Aktionäre erwirtschafteten. Auf annualisierter Basis erscheinen die Unterschiede nicht all zu groß, wenn man die absoluten Total Returns dagegen gegenüberstellt, zeigt sich ein deutlicheres Bild. CDAX CEOs erreichten 606,78%, die WBI CEOs lediglich 333,85%. Überraschenderweise ist trotz des besseren Abschneidens der Deutschen Vorstände kein Einfluss auf die Amtszeit beobachtbar. Österreichische CEOs sind per 31.12.2017 im Durchschnitt 13,56 Jahre im Amt, Deutsche lediglich 11,22 Jahre. Diese Zahlen weisen darauf hin, dass die reine Performance nicht zwangsläufig ausschlaggebend für die Bewertung des Vorstands sein muss. Eine mögliche Erklärung könnte an den unterschiedlichen Eigentümerverhältnissen liegen. CEOs im WBI besitzen im Mittel 13,22% ihres Unternehmens, während es im CDAX nur 10,67% sind. Generell, lässt sich bei den Managern mit negativen Total Returns auch eine wesentlich höhere durchschnittliche Unternehmensbeteiligung beobachten.

5.1.1 Best of the Best

Guerra (2005, 2008) beschreibt in einem Artikel bzw. später in seinem Buch sogenannte Superperformers. Organisatorische Superperformance ist definiert als branchendominierende Return on Investments über einen langen Zeitraum (mindestens ein Dutzend Jahre). Die Zeit erweist sich als kritischer Faktor, da Outperformance selten über einen längeren Zeitraum aufrechterhalten wird. Superperformance ist keine Flash-Performance. Die beschriebenen CEOs und ihre Organisationen arbeiten laut Guerra in einer anderen „Sphäre", in einem anderen stationären Zustand als ihre Branchen-Peers, und mehr noch, sie lassen es einfach aussehen erfolgreich zu sein. Zusammen bilden sie die Zone der Superperformance, die eine überdurchschnittliche Branchenperformance über einen Großteil der Wirtschaft hinweg generieren. Was diese CEOs gut macht, ist ein Muster kontinuierlicher Handlungen über einen langen Zeitraum. Sie erzeugen nachhaltige überdurchschnittliche Branchen-Return on Investment, Operational Excellence und Kundenzufriedenheit. Sie reflektieren vergleichsweise höhere Bewertungen und werden, im Verhältnis zu ihren Branchenkollegen, öffentlich zu dramatisch höheren Kurs-Gewinn-Verhältnissen gehandelt.

Auch in Österreich und Deutschland haben einige der Vorstände ihre Kollegen und Kolleginnen weit hinter sich gelassen. Dieser Abschnitt soll die 10 besten CEOs des vorgestellten Rankings genauer betrachten. Es ist wichtig festzuhalten, dass die erstellte Rangliste bereits überdurchschnittliche Manager und Managerinnen beinhaltet. Weniger erfolgreiche Vorstände sind nicht enthalten, da diese abgesetzt wurden bzw. mit ihren Unternehmen auf die eine oder andere Weise gescheitert sind. Trotz alledem gibt es CEOs, die diese Liste anführen und ihre Kollegen und Kolleginnen weit hinter sich lassen.

Die Superperformer aus Österreich und Deutschland (Platzierung 1 bis 10) erreichten gemeinsam eine durchschnittliche jährliche Performance von über 39%, während der Durchschnitt über alle CEOs 10% beträgt. In absoluten Zahlen ist der Unterschied wesentlich deutlicher: Die Superperformer erwirtschafteten einen Total Return in der Höhe von 3.747% bei einem Mittelwert von 559% für das gesamte Datenset. Rechnet man die Kennzahlen ohne die besten 10 CEOs und sieht sich an, was die restlichen Manager und Managerinnen erreichten, wird der deutliche Unterschied rasch ersichtlich. Die Vorstände des Rankings ab Platzierung 11 zeigen eine durchschnittliche jährliche Performance von 8% und einen absoluten Total Return von 345%.

Sind diese Superperformer wesentlich anders als die restlichen CEOs? Wie aus Tabelle 16 hervorgeht, sind keine wesentlichen Abweichungen bei den einzelnen Charakteristiken abzulesen. Die Superperformer sind ca. 5 Jahre jünger, zeigen eine im Mittel 2,9 Jahre kürzere Amtszeit und besitzen durchschnittlich um 1,2% weniger Unternehmensanteile als die übrigen Manager und Managerinnen. Die Unterschiede müssen demnach woanders begründet liegen als bei den untersuchten Variablen dieser Studie. Im Kapitel 6.2 wird auf mögliche weitere Variablen eingegangen, die für zukünftige Untersuchungen von Interesse sein könnten.

	Superperformers (Top 10)	CEOs Platzierung 11-159	Differenz
Durchschnittliche jährliche Performance	39,39%	8,43%	30,96%
Durchschnittliche jährliche Branchenoutperformance	31,66%	3,44%	28,22%
Durchschnittliche jährliche Indexoutperformance	28,47%	-0,48%	28,95%
Durchschnittlicher Total Return	3746,69%	344,76%	3401,93%
Durchschnittliches Alter	52,1	56,96	-4,86
Durchschnittliche Amtszeit	8,9	11,8	-2,90
Durchschnittliche Unternehmensbeteiligung	9,98%	11,19%	-1,21%
Anteil wirtschaftliches Studium	50,00%	44,97%	5,03%

Tabelle 16: Vergleich der Top 10 mit restlichen CEOs

(Quelle: Eigene Darstellung)

5.2 Diskussion der Hypothesen

Da Kapitel 2.5 bereits zu jedem der Hypothesenkomplexe entsprechend vergleichbare empirische Studien illustriert, werden nachfolgend lediglich Studien als Referenzpunkte angeführt, um Abweichungen der Ergebnisse vom Forschungsstand oder deutliche Übereinstimmungen zu veranschaulichen.

5.2.1 CEO Geschlecht

Die ursprünglich aufgestellte Hypothese, dass weibliche CEOs im Durchschnitt eine bessere Performance als ihre männlichen Kollegen erzielen, konnte nicht getestet werden. Es waren zu wenige Frauen in den gesammelten Daten enthalten, teilweise aufgrund der strengen Selektionskriterien, aber hauptsächlich, weil es deutlich weniger weibliche CEOs gibt.

Dem aufmerksamen Beobachter des Wirtschaftsgeschehens stellt sich die Frage, wo die weiblichen CEOs sind? Obwohl die Zahl der Frauen in der mittleren Führungsebene in den letzten zwei Jahrzehnten relativ stark gestiegen ist, ist die Anzahl der weiblichen CEOs in großen Unternehmen weiterhin niedrig (DiePresse.at, 2017; Spiegel Online, 2018). Oakley (2000) untersucht Erklärungen dafür, warum Frauen nicht an die Spitze aufsteigen. Gründe könnten fehlende Linienerfahrung, unzureichende Karrierechancen, geschlechtsspezifische Unterschiede in sprachlichen Stilen und Sozialisation, geschlechtsspezifische Stereotypen und das „Old-Boys Network" an der Spitze sein. Alternative Erklärungen werden ebenfalls vorgestellt und analysiert, wie zum Beispiel Unterschiede zwischen weiblichen Führungsstilen und der Art von Führungsstil, der an der Spitze von Organisationen erwartet wird. Feministische Erklärungen für die Unterrepräsentation von Frauen in Führungspositionen werden ebenso aufgegriffen wie die Möglichkeit, dass die talentiertesten Frauen in der Wirtschaft oft das „Corporate Life" gegen Entrepreneurship-Karrieren tauschen.

Wissenschaftler und Wissenschaftlerinnen streben schon länger danach, weiblichen Nachwuchsführungskräften empirische Hilfestellungen zu bieten. Beispielsweise werden Vorbilder und deren Weg an die Unternehmensspitze fundiert dargelegt (Athanasopoulou/Moss-Cowan/Smets et al., 2018; Edison et al., 2017).

Abschließend gilt es zu betonen, dass es meiner Meinung nach von enormer Wichtigkeit ist, diese Hypothese zu testen, sobald ausreichendes Datenmaterial zu Verfügung steht.

5.2.2 CEO Alter

Trotz eines in absoluten Zahlen niedrigen Korrelationskoeffizienten von -0,143 konnte die Hypothese bestätigt werden ($p < 0,05$). Jüngere CEOs haben im vorliegenden Datenmaterial besser abgeschnitten als ihre älteren Kollegen und Kolleginnen. Dies deckt sich auch mit anderen, verwandten Studien. CEOs aus älteren Generationen scheinen im Durchschnitt weniger aggressiv zu sein und wählen ein niedrigeres Investitionsniveau, einen niedrigeren Verschuldungsgrad und höhere Cash-Bestände (Bertrand/Schoar, 2003). Sie agieren somit wenig risikofreundlich.

Eine mögliche Erklärung der Ergebnisse liefert eine Studie über Fondsmanager und Fondsmanagerinnen. Diese wissenschaftliche Untersuchung legt nahe, dass auch jüngere Fondsmanager und Fondsmanagerinnen höhere Renditen erzielen. Ältere Manager und Managerinnen schneiden dabei deutlich schlechter ab als ihre jüngeren Kollegen und Kolleginnen. Ein Manager bzw. eine Managerin, der / die ein Jahr älter ist, wird voraussichtlich eine Rendite erzielen, die um 8,6 Basispunkte niedriger ist. Der prognostizierte Leistungsunterschied zwischen dem jüngsten Manager / der jüngsten Managerin (26 Jahre) und dem ältesten Manager / der ältesten Managerin (80 Jahre) beträgt etwa 4,6 Prozentpunkte (oder 460 Basispunkte) pro Jahr. Wiederum könnte eine Vielzahl von unterschiedlichen Mechanismen für das Leistungsergebnis verantwortlich sein. Eine plausible Erklärung ist, dass dies ein Ergebnis von Karrierefragen sein könnte - jüngere Manager und Managerinnen könnten härter arbeiten, weil sie eine längere Karriere vor sich haben und weil sie, wie gezeigt wird, eher für schlechte Leistungen entlassen werden. Eine weite Begründung könnte sein, dass ältere Manager und Managerinnen weniger gut ausgebildet sind und einen umgekehrten Selektionseffekt haben, bei dem "bessere" Personen dazu neigen, die Branche zu verlassen. Schlussendlich wurde bei Fondsmanagern und Fondsmanagerinnen mit steigenden Alter eine Risiko-Aversion gefunden: je älter desto niedrigere Beta Portfolios wurden konstruiert (Chevalier/Ellison, 1999).

5.2.3 Langzeit-CEO

Die Auswertung hat entgegen der Erwartungen einen negativen Zusammenhang zwischen der Dauer der CEO Amtszeit und der Performance ergeben. Wie sehen die Ergebnisse anderer Studien zu diesem Thema aus und welche Begründung gibt es dafür?

Bereits Finkelstein und Hambrick (1990) Untersuchung der Top-Management Team (TMT)-Amtszeit brachte zwei wichtige Ergebnisse. Erstens scheint es, dass die Dauer der Betriebszugehörigkeit von Führungskräften einen tiefgreifenden Einfluss auf Organisationsergebnisse wie die strategische Beständigkeit, die strategische Konformität und die Leistungskonformität hat. Zweitens tritt der scheinbare Effekt der Amtszeit über die gesamte Bandbreite der Werte auf und ist nicht nur ein Artefakt der radikalen Veränderungen, die von neu von außen gekommenen Topmanagern hervorgerufen werden.

Einen Erklärungsansatz für die gefundenen Ergebnisse liefert die neue Erwartungstheorie. Während der Dauer der CEO Amtszeit wird erhebliches Sozialkapital aufgebaut. Das Eingehen von Risiken kann wegen der Belastung der fixen Ressourcen und der unsicheren Rückflüsse aus Risikoentscheidungen die Unternehmensleistung und das hart verdiente (Sozial)Kapital eines CEOs gefährden. Unter dieser Bedingung würde die neue Erwartungstheorie, die die Idee beschreibt, dass Menschen mehr Wert auf die Vermeidung von Verlusten als auf die Realisierung von Gewinnen legen (Verlustaversion) postulieren, dass langjährige CEOs risikoscheu werden sollten. Diese haben psychologisch und materiell viel in die Firma investiert und wollen diese Investitionen nicht verlieren. Obwohl CEOs im Laufe der Zeit lernen und dabei ihr Risikoverhalten verfeinern, könnten der Fokus bei zu langer Amtszeit auf das Bewahren der erzielten Erfolge gerichtet sein (Kahneman/Tversky, 1979; Simsek, 2007).

Ein weiterer Erklärungsansatz beschreibt einen nicht linearen Zusammenhang der Amtszeit mit der Performance. Huang und Gilles (2013) zeigen, dass die Management-Betriebszugehörigkeit eine umgekehrte U-förmige Beziehung mit dem Unternehmenswert und der buchhalterischen Performance aufweist. Die Qualität von Unternehmensentscheidungen wie Merger & Acquisition (M&A) - Transaktionen, die Qualität der Finanzberichterstattung und auch die CEO-Entschädigung zeigten eine quadratische Beziehung zur Amtszeit. Diese Ergebnisse stimmen mit der Interpretation überein, dass das on-the-job Lernen von Manager und Managerinnen den Unternehmenswert bis zu einer Schwelle verbessert. Ist die Schwelle erreicht, sinkt die Unternehmensleistung ab.

Eine alternative Betrachtungsweise könnte eine bereits lange dauernde Amtszeit mit einem kürzeren erwarteten Berufshorizont gleichsetzen. Antia et al. (2010) testen empirisch, ob es einen Zusammenhang zwischen dem Entscheidungshorizont des CEOs und den Agency Kosten sowie der Leistung des Unternehmens gibt. Insbesondere untersuchten sie, wie die erwartete Amtszeit des CEOs die finanzielle Performance beeinflusst. Sie finden starke Beweise dafür, dass kürzere Entscheidungshorizonte der CEOs mit erheblichen Agency Kosten verbunden sind. Ebenso bestätigen sie die Hypothese, dass der Entscheidungshorizont die Unternehmensleistung positiv beeinflusst. Unternehmen, deren CEOs lange Entscheidungshorizonte haben, besitzen tendenziell hohe Marktbewertungen gemessen an Tobin's q. Diese Ergebnisse dienen auch zur Untermauerung der Ergebnisse aus Kapitel 4.2.2..

5.2.4 Der CEO als Eigentümer

Die Auswertung des in dieser Studie gesammelten Datenmaterials ergibt einen negativen Zusammenhang zwischen der Performance und dem Eigenkapitalanteil des CEOs an dem geführten Unternehmen. Einer der Unterschiede zu den in Kapitel 2.5.4 genannten Studien könnte dabei die im Vergleich zu den Vereinigten Staaten anders ausgestaltete Corporate Governance Struktur sein. Eine vergleichende Analyse der Governance-Systeme in den USA und im Vereinigten Königreich legte beispielsweise nahe, dass eine stärkere institutionelle Überwachung und eine geringere Möglichkeit von „Takeover"-Abwehrmaßnahmen innerhalb des Vereinigten Königreichs dazu führen, dass sich das Management auf ein höheres Eigentumsniveau begibt, also sich am Unternehmen beteiligt (Short/Keasey, 1999).

Eine weitere Begründung der Ergebnisse könnte ein nicht linearer Zusammenhang von „Managerial Ownership" und der Performance sein. Eine Ausweitung der Analyse auf verschiedene Kennzahlen der Unternehmensleistung der US-amerikanischen Literatur bestätigt diese nichtlineare Beziehung zwischen Unternehmensleistung und Managementeigentum. Es wurde ein durchgehend signifikantes und positives Verhältnis zwischen Leistung und Managementeigentum auf hohem Managementeigentumsniveau (> 25 %) gefunden (Morck/Shleifer/Vishny, 1988; Short/Keasey, 1999).

Im Folgenden soll die Bedeutung von Familienbesitz als Sonderform des CEO-Unternehmensanteils besprochen werden. Dies ist vor allem vor dem Hintergrund relevant, dass gerade in Deutschland ein großer Anteil der börsennotierten Unternehmen in Familienbesitz ist (Ampenberger, 2010; Leiber, 2008). Beeinflusst konzentrierter Familienbesitz die Leistung und den Wert des Unternehmens? Eine empirische Analyse mit Datenmaterial aus Hongkong zeigt keine positive Beziehung zwischen Familienbesitz und Return on Assets, Eigenkapitalrendite oder dem Verhältnis von Markt zu Buchwert (Chen/Cheung/Stouraitis et al., 2005). Die Ergebnisse für Hongkong stimmen daher sowohl mit Demsetz und Lehn (1985) als auch mit Himmelberg et al. (1999) überein, die zeigen, dass eine konzentrierte Eigentümerstruktur nicht mit einer besseren operativen Betriebsleistung oder einer höheren Unternehmensbewertung verbunden ist. Anderson und Reeb (2003) untersuchen die Beziehung zwischen Familienbesitz und Unternehmensleistung im S&P 500. Entgegen ihrer Vermutung entdecken sie, dass Familienunternehmen besser als Nichtfamilienunternehmen abschneiden. Auch ihre zusätzlichen Analysen zeigen, dass die Beziehung zwischen Familienbesitz und Unternehmensleistung nichtlinear ist. Der bedeutendste Erkenntnisgewinn für die vorliegende Arbeit ist, dass, wenn Familienmitglieder als CEO dienen, die Leistung besser ist als bei externen CEOs.

5.2.5 CEO Ausbildung

Die Prüfung von Hypothese 5 ergab zwar, dass CEOs mit wirtschaftlicher Ausbildung besser abschnitten (im Durchschnitt 6,10 % vs. 5,80%), die Ergebnisse waren jedoch nicht signifikant und die berechneten Korrelationskoeffizienten Eta und Cramers V deuten auf einen sehr schwachen Zusammenhang hin. Dagegen wurden in anderen Untersuchungen Beweise dafür gefunden, dass CEOs mit MBAs im Durchschnitt aggressiver sind, ein höheres Investitionsniveau wählen, mehr Schulden halten und weniger Dividenden zahlen. Am interessantesten ist die in anderen Studien dargestellte positive Beziehung zwischen einem MBA-Abschluss und der Unternehmensleistung. Die Rentabilität der Vermögenswerte ist für MBA-Absolventen um mehr als einen Prozentpunkt höher. In ähnlicher Weise zeigte sich, dass CEOs, die einen MBA-Abschluss besitzen, höheren Betriebsrenditen auf Vermögenswerte erzielen (Bertrand/Schoar, 2003). Auch Fonds-Manager und Managerinnen mit MBAs übertreffen Nicht-MBA-Manager und Managerinnen im Durchschnitt um 63 Basispunkte pro Jahr (Chevalier/Ellison, 1999). Da MBAs in Österreich und Deutschland nicht weit verbreitet sind, konnte diese Kriterium nicht getestet werden, stattdessen wurde der Besitz eines wirtschaftlichen Studiums geprüft. Während in den angelsächsischen Ländern MBAs unter Top Managern und Managerinnen mit ca. 35 % weit verbreitet sind, besitzen in Deutschland 2013 gerade 12 % einen solchen Titel (Davoine/Ravasi, 2013; Gottesman/Morey, 2015). Einer der Unterschiede zwischen den Ergebnissen der vorliegenden Arbeit und den soeben skizzierten Studien ist, dass diese beiden abgefragten Variablen nicht ident sind. Überraschenderweise haben fast 50 % der deutschen Manager und Managerinnen keine internationale Erfahrung. Britische und Schweizer Unternehmen haben eine höhere Anzahl von Managern und Managerinnen mit internationalen Profilen. Daher ist es nicht verwunderlich, dass es an Managern und Managerinnen in britischen und Schweizer Unternehmen einen höheren Anteil mit MBA-Abschluss gibt. MBA-Diplome scheinen Elemente der Legitimität zu sein, die für internationale Karrieren nützlich sind; als nationale bzw. lokale Legitimationssignale jedoch unnötig erscheinen (Davoine/Ravasi, 2013).

Eine umfassende Studie in Bezug auf die CEO Ausbildung und die finanzielle Performance wurde von Gottesman und Morey (2015) durchgeführt. Die Ergebnisse zeigen, dass der Bildungstyp des CEOs kein wesentlicher Faktor für eine bessere oder schlechtere finanzielle Performance des Unternehmens ist. Insbesondere finden sie heraus, dass Unternehmen mit einem CEO, der einen MBA hält, keine wesentlich andere Leistung haben als Firmen mit einem CEO, der ein Kunststudium oder ein Jurastudium abgeschlossen hat. Ebenso zeigen sie, dass Firmen mit einem CEO, der einen Bachelor- oder Master-Abschluss der Ivy League hält, nicht signifikant anders abschneiden als andere Unternehmen. Sie zeigen auch, dass Firmen, die von CEOs aus selektiveren Schulen (in Bezug auf das Auswahlverfahren) geführt werden, nicht besser abschneiden als Firmen, die von CEOs aus weniger selektiven Schulen geleitet werden. Was sind einige Erklärungen für diese Ergebnisse? Laut den Verfassern, ist die beste Erklärung für die Ergebnisse, dass die Zeitspanne zwischen dem Abschluss des Studiums und dem Erreichen der Position des CEO ausreichend lang sein kann, um den Nutzen zu verringern, der sich aus einer bestimmten Art von Ausbildung bzw. aus einer selektiveren Auswahl ergeben kann. Jeder, der CEO eines an der New York Stock Exchange gelisteten Unternehmens wird, hat wahrscheinlich bestimmte Fähigkeiten, die über sein ganzes Leben hinweg entwickelt wurden und es ihm/ihr ermöglichen, diese Position zu erreichen. Folglich ist es möglich, dass der Ausbildungshintergrund wenig mit der aktuellen Leistung des CEO zu tun hat. Gottesman und Morey (2015) diskutieren auch das Ergebnis, dass Unternehmen mit CEOs mit MBA, Jura und anderen Abschlüssen von Top Universitäten nicht besser abschneiden als Firmen mit CEOs ohne Abschluss einer Universität mit hoher Reputation. Dies deutet zum Teil darauf hin, dass die von den CEOs in diesen Programmen erlernten Fähigkeiten nur geringe Auswirkungen auf die Leistung des Unternehmens haben. Schließlich führt das Absolvieren des Studiums an einer weniger selektiven Universität dazu, dass ein Berufseinsteiger gegenüber den Mitbewerbern einer besseren Universität einen Ruf- und Sozialkapital-Nachteil hat. Dieser Nachteil stellt eine Barriere für den beruflichen Aufstieg dar, beginnend bei der ersten Arbeitssuche bis zu einem Einfluss auf Beförderungen. Um diesen Startvorteil der Konkurrenten zu überwinden und schließlich die Position als CEO zu erreichen, muss der Absolventen von einer „schwächeren" Universität höhere Leistung erbringen, um diesen Nachteil zu kompensieren (Gottesman/Morey, 2015).

Laut Lindorff und Prior Jonson (2013) ist es nicht realistisch, anzunehmen, dass eine Bildungserfahrung die Einstellungen, Werte und Verhaltensweisen erwachsener Studierender verändern und ihnen Wissen vermitteln kann, das anderswo nicht verfügbar ist und ihnen während ihrer gesamten Karriere zugutekommt. Vielleicht brauchen Universitäten und ihr Lehrpersonal zuerst Demut und sollten anerkennen, dass, egal wie sehr sie versuchen, die "richtigen Dinge" auf die "richtige Art und Weise" zu lehren, nicht mehr als nur eine oberflächliche Wirkung auf das Leben und Handeln der Studenten und Studentinnen haben können. Vielleicht tendieren sie dazu, den Einfluss von Business Schools zu romantisieren und Warren Buffet hat mit seinem Zitat aus Kapitel 2.5.5 schlicht und einfach recht behalten.

6 Conclusio

In diesem Kapitel wird zunächst ein Resümee über die Arbeit gezogen. Danach werden die Erkenntnisse der vorliegenden Arbeit hinsichtlich ihrer wissenschaftlichen und praxisbezogenen Relevanz betrachtet. Abschließend werden mögliche Einschränkungen der Studie und Ansatzpunkte für eine weitere Forschung zur CEO-Performance aufgezeigt.

6.1 Ergebnisse

In der vorliegenden Arbeit wurden zwei aufeinander aufbauende Forschungsfragen bearbeitet. In einem ersten Schritt wurde theoretisch erarbeitet, welche Faktoren und Kennzahlen zur Beurteilung der CEO-Performance herangezogen werden können und versucht, eine Klassifizierung zu erarbeiten. Des Weiteren wurden im theoretischen Teil der Arbeit auf Basis einer umfangreichen Literaturanalyse testbare Hypothesen für die empirische Untersuchung hergeleitet.

Aufbauend auf die erste Forschungsfrage wurde in weiterer Folge gezeigt, welches Bild sich für Österreich und Deutschland ergibt. Das erstellte Ranking zeigt, welche Manager österreichischer und deutscher Unternehmen während ihrer Amtszeit außerordentliche Performance im Vergleich zur jeweiligen Branche, sowie dem Gesamtmarkt, gezeigt haben. Die Rangliste aus Sicht der Investoren diente dazu, erfolgversprechenden Charakteristiken der Manager und Managerinnen zu testen. Das Ranking wird weder im Hauptteil der Arbeit noch im Anhang gezeigt, da nicht sichergestellt werden kann, dass sämtliche CEOs mit der expliziten Nennung in dieser Arbeit einverstanden sind. Des Weiteren, würde diese Rangliste auch negative Performance hervorstreichen, ohne präzise auf die genauen Umstände des jeweiligen Unternehmens eingehen zu können. Konkret wurden folgende Charakteristiken der CEOs beleuchtet: (i) Alter der CEOs, (ii) Amtszeit der CEOs (iii) Der Anteilsbesitz der CEOs am Unternehmen und (iv) Ausbildung der CEOs. Die folgenden Beschreibungen sollen den Gedankengang und die wesentlichen Ergebnisse der theoretischen und empirischen Untersuchung zusammenfassen.

Mit dem ersten Teil der Arbeit wurden die am weitest verbreiteten Methoden zur Messung der CEO-Performance erläutert und gegenübergestellt. Dabei kristallisierte sich eine Unterscheidung zwischen internen und externen Stakeholdern heraus. Zu den internen Stakeholdern zählt vor allem der Aufsichtsrat im dualistischen System in Österreich und Deutschland. Bei genauerer Betrachtung dieser

Perspektive stellte sich heraus, dass in der Praxis meist finanzielle Performance-Indikatoren zum Einsatz kommen. Die externe Seite wurde aus Sicht von Investoren und der Wissenschaft betrachtet. Es wurde eine klare Präferenz für den um die Branche bzw. den Gesamtmarkt bereinigten Total Shareholder Return herausgearbeitet. Die Wissenschaft beruft sich im Zuge der Messung der CEO Performance häufig auf Kapitalrenditen und das Tobin's q. Ergänzend werden Wachstumsraten und verschiedene Gewinnmargen herangezogen, um die Leistung anhand mehrerer Faktoren messen zu können.

Ziel des zweiten Teils der Arbeit war es, eine Hilfestellung für Investoren zu erarbeiten. Im Speziellen wurde darauf abgezielt, jene CEOs zu finden, die über einen entsprechend langen Zeitraum in Österreich und Deutschland erfolgreich waren. Aufgrund der vergangenen Performance können oftmals Rückschlüsse gezogen werden, auf denen ein Investment Case basieren kann. Erfolgreiche Investoren bekennen sich laufend dazu, das Management und insbesondere den CEO als qualitatives Merkmal in den Bewertungsprozess eines Unternehmens miteinzubeziehen. Es soll somit ein kleiner Beitrag zur Identifizierung von qualitativ hochwertigen Investments geleistet werden.

Die Hypothesentests ergaben unterschiedliche Ergebnisse. Für das Geschlecht des CEOs konnte keine ausreichende Verteilung der Merkmale festgestellt werden. Somit konnte diese Hypothese nicht getestet werden.

Wie vermutet, wurde ein negativer Zusammenhang zwischen dem CEO Alter und der Performance gefunden. Diese Ergebnisse decken sich mit dem vorherrschenden Literaturstand und werden meist auf die Risikoaversion älterer Manager und Managerinnen zurückgeführt.

Entgegen meiner Erwartungen wurde ein negativer Zusammenhang zwischen der Amtszeit der CEOs und der Performance gefunden. Verwandte Studien haben bislang unterschiedliche Ergebnisse geliefert. Erklärungen für die dargelegten Ergebnisse reichen von kürzeren Horizonten etablierter CEOs über Verlustaversions-Überlegungen bis zu einem nicht linearen Zusammenhang der Variablen Amtszeit und der Performance.

Es konnte kein Zusammenhang zwischen der Unternehmensbeteiligung der CEOs und der Performance gefunden werden. Eine Begründung der Ergebnisse könnte ein nicht-linearer Zusammenhang von „Managerial Ownership" und der Performance sein. Ebenso wurden Überlegungen zu Familienunternehmen dargelegt und gezeigt, dass, wenn Familienmitglieder als CEO dienen, die Unternehmensleistung besser ist als bei externen CEOs.

Abschließend wurde die Charakteristik CEO Ausbildung und deren Einfluss auf die Performance untersucht. Hier konnte lediglich ein sehr schwacher, nicht signifikanter Zusammenhang gefunden werden. Auch zusätzliche wissenschaftliche Literatur deutet auf keine bzw. sehr geringe Korrelation hin. Warren Buffett schein recht zu behalten, wenn er sagt: "I don't care where someone went to school, and that never caused me to hire anyone or buy a business."

6.2 Implikationen und weiterer Forschungsbedarf

Das interdisziplinäre Forschungsfeld zu (börsennotierten) Unternehmen samt deren CEOs ist, vor allem im deutschsprachigen Raum, nach wie vor jung und bietet daher in Zukunft genügend Raum für weitere (theoretische und empirische) Analysen, die an der eigenen Untersuchung anschließen können. Einige der offen gebliebenen Forschungsfragen sollen hier skizziert werden.

Die Beantwortung der ersten Forschungsfrage, welche die Erstellung eines Klassifizierungsrahmens zur Messung der CEO-Performance verfolgte, war sicherlich nicht vollumfassend. Wie bereits in der Einleitung dargelegt, werden Vorstände anhand einer Vielzahl von Parametern bewertet. Die vorgestellte Klassifizierung kann in Zukunft um weitere Betrachtungsweisen und Kennzahlen ergänzt werden.

Die vorliegende Arbeit befasst sich mit börsennotierten Unternehmen. Obwohl vermuten werden kann, dass private Unternehmen und deren Vorstände ihre Strategien ähnlich gestalten, ist letztlich unklar, ob die Ergebnisse der vorliegenden Arbeit auf private Unternehmen übertragen werden können. Eine natürliche Erweiterung besteht daher in der Übertragung der hier untersuchten Charakteristika der CEOs auf das Feld der privaten, nicht börsennotierten Unternehmen.

Naheliegend ist es ebenfalls, die Untersuchung auf eine Analyse anderer Charakteristika der Manager und Managerinnen, wie etwa Herkunft, Berufserfahrung oder auch die Universität der CEOs, auszuweiten. Kaplan et al. (2012) haben beispielsweise bereits in diese Richtung geforscht: Sie bewerteten 30 individuellen Eigenschaften und unterteilten diese in allgemeinen und interpersonelle Fähigkeiten.

Da die Ergebnisse dieser Arbeit nicht sehr robust sind, fällt die Interpretation nicht immer leicht. Die Ergänzung des empirischen Designs – das allein auf einer quantitativen Analyse von Sekundärdaten beruht – um qualitative Elemente und die Erhebung von Primärdaten (z.B. mittels einer schriftlichen Befragung, Experteninterviews oder Fallstudien) könnte zu einer noch besseren Interpretation der vorliegenden empirischen Befunde beitragen. Folgende Fragen bleiben offen und bieten sich als Grundlage für weiterführende Untersuchungen an: Warum sind gewisse CEOs erfolgreich und andere nicht? Wie und mit welchen Methoden haben es die genannten CEOs an die Spitze geschafft? Welche Wirkung entfalten unterschiedliche Managementwerkzeuge und welche werden eingesetzt?

Insbesondere eine qualitative Untersuchung der erfolgreichsten CEOs des Performance Rankings würde sich in Form von Case Studies anbieten. Dieser Ansatz folgt in Teilen dem schon oben beschriebenen Buch „The Outsiders: Eight Unconventional CEOs and Their Radically Rational Blueprint for Succes". Hier könnten insbesondere Kapitalallokationsmaßnahmen wie Aktienrückkäufe, Dividenden, große Akquisitionen oder auch die Verwendung von Steuerungskennzahlen wie Shareholder Value, Internal Rate of Return (IRR) und Return on Capital Employed (ROCE) näher betrachtet werden.

Eine spannende Frage ist sicherlich auch durch die Beleuchtung von organisationstheoretischen Entscheidungen formulierbar. So ist oftmals von Interesse, wie zentral oder dezentral das Unternehmen vom Vorstand ausgerichtet wurde. Wie viele Hierarchien wurden eingeführt? Anhand welcher Organisationstheorien können die Performanceunterschiede am besten erklärt werden?

Da der geographische Raum der Untersuchung auf lediglich zwei Länder eingeschränkt war, ergibt sich folglich die Aufforderung auf die Ausbreitung auf andere Märkte. Denkbar wäre eine Ausweitung auf Aktienmärkte im europäischen Währungsraum, dies hätte den Vorteil, keine Wechselkurse berücksichtigen zu müssen.

Diese Arbeit soll jedoch auch als Grundlage und Aufforderung für weitere Forschungstätigkeiten in den bereits untersuchten geographischen Räumen dienen. So besteht noch Aufholbedarf, gerade was den sehr kleinen Aktienmarkt Österreich betrifft, um einerseits die öffentliche Aufmerksamkeit zu erhöhen und andererseits auch die Qualität der Manager und Managerinnen sowie der Unternehmen der Wiener Börse bzw. der Mid- und Small-Caps aus Deutschland hervorzuheben.

Literaturverzeichnis

Adams, Renée B./Almeida, Heitor/Ferreira, Daniel (2005). Powerful CEOs and Their Impact on Corporate Performance. *Review of Financial Studies*, *18*(4), 1403–1432. DOI: 10.1093/rfs/hhi030

Ali, Ashiq/Zhang, Weining (2015). CEO tenure and earnings management. *Journal of Accounting & Economics*, *59*(1), 60–79.

Alqatamin, Rateb/Aribi, Zakaria Ali/Arun, Thankom (2017). The effect of CEOs' characteristics on forward-looking information. *Journal of Applied Accounting Research*, *18*(4), 402–424.

Alqatamin, Rateb Mohammmad/Aribi, Zakaria Ali/Arun, Thankom (2017). The effect of the CEO's characteristics on EM: evidence from Jordan. *International Journal of Accounting & Information Management*, *25*(3), 356–375.

Amanollah Nejad Kalkhouran, Abolfazl/Hossein Nezhad Nedaei, Bahareh/Abdul Rasid, Siti Zaleha (2017). The indirect effect of strategic management accounting in the relationship between CEO characteristics and their networking activities, and company performance. *Journal of Accounting & Organizational Change*, *13*(4), 471–491.

Ampenberger, Markus (2010). *Unternehmenspolitik in börsennotierten Familienunternehmen: eine Analyse von Investitions-, Diversifikations- und Kapitalstrukturentscheidungen*. Gabler Verlag / Springer Fachmedien Wiesbaden GmbH, Wiesbaden, Wiesbaden. Abgerufen von http://public.eblib.com/choice/publicfullrecord.aspx?p=747470, abgerufen am 6. Januar 2018

Amy Y. Ou/David A. Waldman/Suzanne J. Peterson (2015). Do Humble CEOs Matter? An Examination of CEO Humility and Firm Outcomes. *Journal of Management*, 0149206315604187. DOI: 10.1177/0149206315604187

Anderson, Ronald C./Reeb, David M. (2003). Founding-Family Ownership and Firm Performance: Evidence from the S&P 500. *The Journal of Finance*, *58*(3), 1301–1328.

Antia, Murad/Pantzalis, Christos/Park, Jung Chul (2010). CEO decision horizon and firm performance: An empirical investigation. *Journal of Corporate Finance*, *16*(3), 288–301. DOI: 10.1016/j.jcorpfin.2010.01.005

Athanasopoulou, Andromachi/Moss-Cowan, Amanda/Smets, Michael/Morris, Timothy (2018). Claiming the corner office: Female CEO careers and implications for leadership development. *Human Resource Management, 57*(2), 617–639. DOI: 10.1002/hrm.21887

Bannister, James W./Newman, Harry A. (2003). Analysis of Corporate Disclosures on Relative Performance Evaluation. *Accounting Horizons, 17*(3), 235–246. DOI: 10.2308/acch.2003.17.3.235

Barker, Vincent L./Mueller, George C. (2002). CEO Characteristics and Firm R&D Spending. *Management Science, 48*(6), 782–801. DOI: 10.1287/mnsc.48.6.782.187

Beck, Thorsten/Demirgüç-Kunt, Asli/Maksimovic, Vojislav (2005). Financial and Legal Constraints to Growth: Does Firm Size Matter? *The Journal of Finance, 60*(1), 137–177. DOI: 10.1111/j.1540-6261.2005.00727.x

Benmelech, Efraim/Frydman, Carola (2015). Military CEOs. *Journal of Financial Economics, 117*(1), 43–59. DOI: 10.1016/j.jfineco.2014.04.009

Benston, George J. (1985). The validity of profits-structure studies with particular reference to the FTC's line of business data. *The American Economic Review, 75*(1), 37–67.

Bertrand, Marianne/Mullainathan, Sendhil (2003). Enjoying the Quiet Life? Corporate Governance and Managerial Preferences. *Journal of Political Economy, 111*(5), 1043–1075. DOI: 10.1086/376950

Bertrand, Marianne/Schoar, Antoinette (2003). Managing with Style: The Effect of Managers on Firm Policies*. *The Quarterly Journal of Economics, 118*(4), 1169–1208. DOI: 10.1162/003355303322552775

Bikhchandani, Sushil/Sharma, Sunil (2000). Herd behavior in financial markets. *IMF Staff papers, 47*(3), 279–310.

Birkner, Martin (2005). The status and dynamics of change of top management team (TMT) demographics and capabilities in German large firms between 1997-2002: A theoretical exploration and extension of the upper echelon perspective.

Bondt, De/Werner, FM/Thaler, Richard H. (1987). Further evidence on investor overreaction and stock market seasonality. *The Journal of finance, 42*(3), 557–581.

Bortz, Jürgen/Döring, Nicola (2006). *Forschungsmethoden und Evaluation: für Human- und Sozialwissenschaftler ; mit 87 Tabellen* (4., überarb. Aufl., [Nachdr.]). Heidelberg: Springer-Medizin-Verl.

Brown, Stephen J./Goetzmann, William/Ibbotson, Roger G./Ross, Stephen A. (1992). Survivorship Bias in Performance Studies. *Review of Financial Studies*, *5*(4), 553–580. DOI: 10.1093/rfs/5.4.553

Browne, Christopher H./Browne, William H./Shrages, TH/Spears, JD/Wyckoff Jr, RQ (2009). What has Worked in Investing: Studies of Investment Approaches and Characteristics Associated with Exceptional Returns. *Tweedy, Browne Company LLC, New York, NY.*

Campbell, Kevin/Mínguez-Vera, Antonio (2008). Gender Diversity in the Boardroom and Firm Financial Performance. *Journal of Business Ethics*, *83*(3), 435–451. DOI: 10.1007/s10551-007-9630-y

CFA Institute (2016). *CFA Program Curriculum 2017 Level I.* Wiley. http://public.eblib.com/choice/publicfullrecord.aspx?p=4622916, abgerufen am 28. Dezember 2017

Chen, Zhilan/Cheung, Yan-Leung/Stouraitis, Aris/Wong, Anita W. S. (2005). Ownership concentration, firm performance, and dividend policy in Hong Kong. *Pacific-Basin Finance Journal*, *13*(4), 431–449. DOI: 10.1016/j.pacfin.2004.12.001

Chevalier, Judith/Ellison, Glenn (1999). Are Some Mutual Fund Managers Better Than Others? Cross-Sectional Patterns in Behavior and Performance. *The Journal of Finance*, *54*(3), 875–899. DOI: 10.1111/0022-1082.00130

Claessens, Stijn/Djankov, Simeon/Lang, Larry H. .. (2000). The separation of ownership and control in East Asian Corporations. *Journal of Financial Economics*, *58*(1–2), 81–112. DOI: 10.1016/S0304-405X(00)00067-2

Crossland, Craig/Hambrick, Donald C. (2007). How national systems differ in their constraints on corporate executives: a study of CEO effects in three countries. *Strategic Management Journal*, *28*(8), 767–789. DOI: 10.1002/smj.610

Crossland, Craig/Hambrick, Donald C. (2011). Differences in managerial discretion across countries: how nation-level institutions affect the degree to which ceos matter. *Strategic Management Journal*, *32*(8), 797–819. DOI: 10.1002/smj.913

Cui, Huimin/Mak, Y. T. (2002). The relationship between managerial ownership and firm performance in high R&D firms. *Journal of Corporate Finance, 8*(4), 313–336. DOI: 10.1016/S0929-1199(01)00047-5

Davidson, Wallace N./Xie, Biao/Xu, Weihong/Ning, Yixi (2007). The influence of executive age, career horizon and incentives on pre-turnover earnings management. *Journal of Management & Governance, 11*(1), 45–60. DOI: 10.1007/s10997-007-9015-8

Davoine, Eric/Ravasi, Claudio (2013). The relative stability of national career patterns in European top management careers in the age of globalisation: A comparative study in France/Germany/Great Britain and Switzerland. *European Management Journal, 31*(2), 152–163. DOI: 10.1016/j.emj.2012.06.001

Demsetz, Harold/Lehn, Kenneth (1985). The Structure of Corporate Ownership: Causes and Consequences. *Journal of Political Economy, 93*(6), 1155–1177. DOI: 10.1086/261354

Deutsche Börse Webpage (2018, Januar 7). *CDAX*. http://deutsche-boerse.com/dbg-de/ueber-uns/services/know-how/boersenlexikon/boersenlexikon-article/CDAX/2560204, abgerufen am 7. Januar 2018

Dezsö, CL/Ross, DG (2008). Girl Power": Female participation in top management and firm quality. *View at SSRN: http://papers. ssrn. com/sol3/papers. cfm*. http://papers. ssrn. com/sol3/papers. cfm

Dezsö, Cristian L./Ross, David Gaddis (2012). Does female representation in top management improve firm performance? A panel data investigation. *Strategic Management Journal, 33*(9), 1072–1089. DOI: 10.1002/smj.1955

DiePresse.at (2017). Nur 9 von 63 börsenotierte Unternehmen mit Frauen im Vorstand. vom 8. August 2017. https://diepresse.com/home/wirtschaft/economist/5265828/Nur-9-von-63-boersenotierte-Unternehmen-mit-Frauen-im-Vorstand, abgerufen am 23. April 2018

Du Rietz, Anita/Henrekson, Magnus (2000). Testing the Female Underperformance Hypothesis. *Small Business Economics, 14*(1), 1–10. DOI: 10.1023/A:1008106215480

Eckstein, Peter P. (2012). *Statistik für Wirtschaftswissenschaftler: eine realdatenbasierte Einführung mit SPSS* (3., überarb. und erw. Aufl). Wiesbaden: Springer Gabler.

Fahlenbrach, Rüdiger (2009). Founder-CEOs, Investment Decisions, and Stock Market Performance. *Journal of Financial and Quantitative Analysis*, *44*(02), 439. DOI: 10.1017/S0022109009090139

Finkelstein, Sydney/Hambrick, Donald C. (1990). Top-Management-Team Tenure and Organizational Outcomes: The Moderating Role of Managerial Discretion. *Administrative Science Quarterly*, *35*(3), 484–503. DOI: 10.2307/2393314

Finkelstein, Sydney/Hambrick, Donald C./Cannella, Albert A. (2009). *Strategic leadership: theory and research on executives, top management teams, and boards*. New York: Oxford University Press.

Fortune, Staff (2017, Februar 23). *Why These 9 CEOs Belong on the World's Greatest Leaders List*. http://fortune.com/2017/03/23/worlds-greatest-leaders-9-ceos/, abgerufen am 23. Dezember 2017

Fragner, Bernhard (2017, November 7). Die Top 1000 Manager Österreichs. *Webpage Industriemagazin.* https://industriemagazin.at/ranking/manager, abgerufen am 23. Dezember 2017

Francoeur, Claude/Labelle, Réal/Sinclair-Desgagné, Bernard (2008). Gender Diversity in Corporate Governance and Top Management. *Journal of Business Ethics*, *81*(1), 83–95. DOI: 10.1007/s10551-007-9482-5

Gaines-Ross, L. (2000). CEO Reputation: A Key Factor in Shareholder Value. *Corporate Reputation Review*, *3*(4), 366–370. DOI: 10.1057/palgrave.crr.1540127

Gibbons, Robert/Murphy, Kevin J. (1992). DOES EXECUTIVE COMPENSATION AFFECT INVESTMENT? *Journal of Applied Corporate Finance*, *5*(2), 99–109. DOI: 10.1111/j.1745-6622.1992.tb00493.x

Glassdoor (2017). *Highest Rated CEOs 2017 Employees Choice.* https://www.glassdoor.com/Award/Highest-Rated-CEOs-LST_KQ0,18.htm, abgerufen am 19. November 2017

Gomes, Armando (2000). Going Public without Governance: Managerial Reputation Effects. *The Journal of Finance, 55*(2), 615–646. DOI: 10.1111/0022-1082.00221

Gottesman, Aron A./Morey, Matthew R. (2015). CEO Educational Background and Firm Financial Performance. *Journal of Applied Finance (Formerly Financial Practice and Education), 2*(20), 70–82.

Grünwald, Robert (2018, Mai 8). https://novustat.com/statistik-glossar/bivariate-statistik-spss.html, abgerufen am 8. Mai 2018

Guerra, Dave (2005). *Super performance: new profound knowledge for corporate leaders, 1 simple formula, 8 simple rules, 1 billion great results.* Texas: Dave Guerra.

Guerra, Dave (2008). Superperformance: A new theory for optimization. *Performance Improvement, 47*(5), 8–14. DOI: 10.1002/pfi.205

Hambrick, D. C. (2007). UPPER ECHELONS THEORY: AN UPDATE. *Academy of Management Review, 32*(2), 334–343. DOI: 10.5465/AMR.2007.24345254

Hambrick, D. C./Mason, P. A. (1984). Upper Echelons: The Organization as a Reflection of Its Top Managers. *Academy of Management Review, 9*(2), 193–206. DOI: 10.5465/AMR.1984.4277628

Hambrick, Donald C. (1991). THE SEASONS OF A CEO'S TENURE. *Academy of Management Review, 16*(4), 719–742.

Hay Group (2015). Study Finds CEO Evaluations Rely on Financial Metrics. *Report on Salary Surveys, 22*(12), 9–10.

Henderson, Andrew D./Miller, Danny/Hambrick, Donald C. (2006). How Quickly Do CEOs Become Obsolete? Industry Dynamism, CEO Tenure, and Company Performance. *Strategic Management Journal, 27*(5), 447–460.

Henry L. Tosi/Steve Werner/Jeffrey P. Katz/Luis R. Gomez-Mejia (2000). How Much Does Performance Matter? A Meta-Analysis of CEO Pay Studies. *Journal of Management, 26*(2), 301–339. DOI: 10.1177/014920630002600207

Hill, Charles W. L./Phan, Phillip (1991). CEO TENURE AS A DETERMINANT OF CEO PAY. *Academy of Management Journal, 34*(3), 707–717.

Himmelberg, Charles P./Hubbard, R. Glen./Palia, Darius (1999). Understanding the determinants of managerial ownership and the link between ownership and performance. *Journal of Financial Economics, 53*(3), 353–384. DOI: 10.1016/S0304-405X(99)00025-2

Hirshleifer, David (2001). Investor psychology and asset pricing. *The Journal of Finance, 56*(4), 1533–1597.

Huang, Sterling/Gilles, Hillary (2013). Zombie Boards: Board Tenure and Firm Performance. *SSRN Electronic Journal.* DOI: 10.2139/ssrn.2302917, abgerufen am 8. Mai 2018

Huson, Mark R./Malatesta, Paul H./Parrino, Robert (2004). Managerial succession and firm performance. *Journal of Financial Economics, 74*(2), 237–275. DOI: 10.1016/j.jfineco.2003.08.002

Hymowitz, Caroline (2006, September 18). *„Any College Will Do".* https://www.wsj.com/articles/SB115853818747665842, abgerufen am 28. Dezember 2017

Jalbert, Terrance/Furumo, Kimberly/Jalbert, Mercedes (2011). Does Educational Background Affect CEO Compensation And Firm Performance? *Journal of Applied Business Research (JABR), 27*(1). DOI: 10.19030/jabr.v27i1.907, abgerufen am 27. Dezember 2017

James, Harvey S. (1999). Owner as Manager, Extended Horizons and the Family Firm. *International Journal of the Economics of Business, 6*(1), 41–55. DOI: 10.1080/13571519984304

Jane Edison, Stevenson/Evelyn, Orr (2017). We Interviewed 57 Female CEOs to Find Out How More Women Can Get to the Top. https://hbr.org/2017/11/we-interviewed-57-female-ceos-to-find-out-how-more-women-can-get-to-the-top, abgerufen am 23. April 2018

Jenny M. Hoobler/Courtney R. Masterson/Stella M. Nkomo/Eric J. Michel (2016). The Business Case for Women Leaders: Meta-Analysis, Research Critique, and Path Forward. *Journal of Management*, 0149206316628643. DOI: 10.1177/0149206316628643

Jenter, Dirk/Kanaan, Fadi (2015). CEO Turnover and Relative Performance Evaluation: CEO Turnover and Relative Performance Evaluation. *The Journal of Finance, 70*(5), 2155–2184. DOI: 10.1111/jofi.12282

Jianxin Gong, James (2011). Examining Shareholder Value Creation over CEO Tenure: A New Approach to Testing Effectiveness of Executive Compensation. *Journal of Management Accounting Research, 23*, 1–28.

Kahn, Ronald N./Rudd, Andrew (1995). Does Historical Performance Predict Future Performance? *Financial Analysts Journal, 51*(6), 43–52. DOI: 10.2469/faj.v51.n6.1948

Kahneman, Daniel/Tversky, Amos (1979). Prospect Theory: An Analysis of Decision under Risk. *Econometrica, 47*(2), 263–291. DOI: 10.2307/1914185

Kaplan, Steven/Minton, Bernadette (2006). *How has CEO Turnover Changed? Increasingly Performance Sensitive Boards and Increasingly Uneasy CEOs* (No. w12465). Cambridge, MA: National Bureau of Economic Research. Abgerufen von http://www.nber.org/papers/w12465.pdf, abgerufen am 27. Dezember 2017

Kaplan, Steven N./Klebanov, Mark M./Sorensen, Morten (2012). Which CEO Characteristics and Abilities Matter? *The Journal of Finance, 67*(3), 973–1007. DOI: 10.1111/j.1540-6261.2012.01739.x

Karathanassis, G. A./Drakos, A. A. (2004). A note on equity ownership and corporate value in Greece. *Managerial and Decision Economics, 25*(8), 537–547. DOI: 10.1002/mde.1181

Kaserer, Christoph/Moldenhauer, Ben (2007). Insider Ownership and Corporate Performance - Evidence from Germany. *SSRN Electronic Journal.* DOI: 10.2139/ssrn.891899, abgerufen am 6. Januar 2018

Kaufman, Stephen P. (2008). Evaluating the CEO. *Harvard Business Review, 86*(10), 53–57.

Khan, Walayet A./Vieito, João Paulo (2013). Ceo gender and firm performance. *Journal of Economics and Business, 67*, 55–66.

King, Timothy/Srivastav, Abhishek/Williams, Jonathan (2016). What's in an education? Implications of CEO education for bank performance. *Journal of Corporate Finance, 37*, 287–308. DOI: 10.1016/j.jcorpfin.2016.01.003

Kroll, Mark/Wright, Peter/Toombs, Leslie/Leavell, Hadley (1997). Form of Control: A Critical Determinant of Acquisition Performance and CEO Rewards. *Strategic Management Journal, 18*(2), 85–96.

Larcker, David F./Thompson, John T./Donatiello, Nicholas E./Tayan, Brian (2016). CEOs and Directors on Pay: 2016 Survey on CEO Compensation. *CGRI Survey Series.* https://www.gsb.stanford.edu/sites/gsb/files/publication-pdf/cgri-survey-2016-ceo-compensation_0.pdf, abgerufen am 12. März 2018

Lausten, Mette (2002). CEO turnover, firm performance and corporate governance: empirical evidence on Danish firms. *International Journal of Industrial Organization, 20*(3), 391–414. DOI: 10.1016/S0167-7187(00)00083-7

Leiber, Marietta Kersten (2008). Performance-Studie deutscher Familienunternehmen. *Diss., Augsburg.*

Levine, Sheen S./Zajac, Edward J. (2007). The Institutional Nature of Price Bubbles. *SSRN Electronic Journal.* DOI: 10.2139/ssrn.960178, abgerufen am 1. April 2018

Lilienfeld-Toal, Ulf Von/Ruenzi, Stefan (2014). CEO Ownership, Stock Market Performance, and Managerial Discretion: Stock Market Performance and Managerial Discretion. *The Journal of Finance, 69*(3), 1013–1050. DOI: 10.1111/jofi.12139

Lindorff, Margaret/Prior Jonson, Elizabeth (2013). CEO business education and firm financial performance: a case for humility rather than hubris. *Education + Training, 55*(4/5), 461–477. DOI: 10.1108/00400911311326072

Mackey, Alison (2008). The effect of CEOs on firm performance. *Strategic Management Journal, 29*(12), 1357–1367. DOI: 10.1002/smj.708

Mahmoud M. Nourayi/Steven M. Mintz (2008). Tenure, firm's performance, and CEO's compensation. *Managerial Finance, 34*(8), 524–536. DOI: 10.1108/03074350810874055

Malmendier, Ulrike/Tate, Geoffrey (2009). Superstar CEOs *. *Quarterly Journal of Economics, 124*(4), 1593–1638. DOI: 10.1162/qjec.2009.124.4.1593

Mandacı, Pınar/Gumus, Guluzar (2010). Ownership Concentration, Managerial Ownership and Firm Performance: Evidence from Turkey. *South East European Journal of Economics and Business, 5*(1). DOI: 10.2478/v10033-010-0005-4, abgerufen am 27. Dezember 2017

Marc J. Epstein/Marie-Josée Roy (2005). Evaluating and monitoring CEO performance: evidence from US compensation committee reports. *Corporate Governance: The international journal of business in society*, *5*(4), 75–87. DOI: 10.1108/14720700510616604

Martin, Anna D./Nishikawa, Takeshi/Williams, Melissa A. (2009). CEO Gender: Effects on Valuation and Risk. *Quarterly Journal of Finance and Accounting*, *48*(3), 23–40.

Mason A. Carpenter/Marta A. Geletkanycz/Wm. Gerard Sanders (2004). Upper Echelons Research Revisited: Antecedents, Elements, and Consequences of Top Management Team Composition. *Journal of Management*, *30*(6), 749–778. DOI: 10.1016/j.jm.2004.06.001

Mauboussin, Michael J. (2007). *More Than You Know: Finding Financial Wisdom in Unconventional Places (Updated and Expanded)*. New York Chichester, West Sussex: Columbia University Press. DOI: 10.7312/maub14372, abgerufen am 23. Dezember 2017

McClelland, Patrick L./Barker, Vincent L./Oh, Won-Yong (2012). CEO career horizon and tenure: Future performance implications under different contingencies. *Journal of Business Research*, *65*(9), 1387–1393.

McGinn, Daniel (2017). THE BEST-PERFORMING CEOS IN THE WORLD 2017. *Harvard Business Review*, *95*(6), 66–77.

Meisler, Laurie/Zhao, Jenn (2016, Dezember 13). *The World's Best-Value CEOs*. https://www.bloomberg.com/graphics/2016-best-value-ceos/, abgerufen am 23. Dezember 2017

Meyer, R. E./Hollerer, M. A. (2010). Meaning Structures in a Contested Issue Field: A Topographic Map of Shareholder Value in Austria. *Academy of Management Journal*, *53*(6), 1241–1262. DOI: 10.5465/AMJ.2010.57317829

Miller, Danny/Minichilli, Alessandro/Corbetta, Guido (2013). Is family leadership always beneficial? *Strategic Management Journal*, *34*(5), 553–571.

Mintzberg, Henry/Lampel, Joseph (2001, Februar 19). *Do MBAs Make Better CEOs? Sorry, Dubya, It Ain't Necessarily So*. http://archive.fortune.com/magazines/fortune/fortune_archive/2001/02/19/296894/index.htm, abgerufen am 27. Dezember 2017

Morck, Randall/Shleifer, Andrei/Vishny, Robert W. (1988). Management ownership and market valuation: An empirical analysis. *Journal of financial economics, 20,* 293–315.

Morresi, Ottorino (2017). How much is CEO education worth to a firm? Evidence from European firms. *PSL Quarterly Review; Vol 70, No 282 (2017): September.* http://ojs.uniroma1.it/index.php/PSLQuarterlyReview/article/view/14008

MSCI (2018, März 25). *MSCI - GICS Klassifizierung.* https://www.msci.com/documents/10199/4547797/GICS+Structure+2016+-+German.xls/3dd5ab8b-112a-48c9-ad24-7ae730902a9f, abgerufen am 25. März 2018

Mullins, William/Schoar, Antoinette (2016). How do CEOs see their roles? Management philosophies and styles in family and non-family firms. *Journal of Financial Economics, 119*(1), 24–43. DOI: 10.1016/j.jfineco.2015.08.011

Nielsen, Sabina (2010). Top Management Team Diversity: A Review of Theories and Methodologies. *International Journal of Management Reviews, 12*(3), 301–316. DOI: 10.1111/j.1468-2370.2009.00263.x

Norburn, David/Birley, Sue (1988). The top management team and corporate performance. *Strategic Management Journal, 9*(3), 225–237. DOI: 10.1002/smj.4250090303

Oakley, Judith G. (2000). Gender-based Barriers to Senior Management Positions: Understanding the Scarcity of Female CEOs. *Journal of Business Ethics, 27*(4), 321–334. DOI: 10.1023/A:1006226129868

Palaiou, Kat/Furnham, Adrian (2014). Are bosses unique? Personality facet differences between CEOs and staff in five work sectors. *Consulting Psychology Journal: Practice and Research, 66*(3), 173–196. DOI: 10.1037/cpb0000010

Palia, Darius/Lichtenberg, Frank (1999). Managerial ownership and firm performance: A re-examination using productivity measurement. *Journal of Corporate Finance, 5*(4), 323–339. DOI: 10.1016/S0929-1199(99)00009-7

Patzelt, Holger/zu Knyphausen-Aufseß, Dodo/Nikol, Petra (2008). Top Management Teams, Business Models, and Performance of Biotechnology Ventures: An Upper Echelon Perspective *. *British Journal of Management*, *19*(3), 205–221. DOI: 10.1111/j.1467-8551.2007.00552.x

Peni, Emilia (2014). CEO and Chairperson characteristics and firm performance. *Journal of Management & Governance*, *18*(1), 185–205. DOI: 10.1007/s10997-012-9224-7

Perfect, Steven B./Wiles, Kenneth W. (1994). Alternative constructions of Tobin's q: An empirical comparison. *Journal of Empirical Finance*, *1*(3–4), 313–341. DOI: 10.1016/0927-5398(94)90007-8

Pfeffer, Jeffrey/Salancik, Gerald R. (2003). *The external control of organizations: a resource dependence perspective*. Stanford, Calif: Stanford Business Books.

Quigley, Timothy J./Crossland, Craig/Campbell, Robert J. (2017). Shareholder perceptions of the changing impact of CEOs: Market reactions to unexpected CEO deaths, 1950-2009: Shareholder Perceptions of the Changing Impact of CEOs. *Strategic Management Journal*, *38*(4), 939–949. DOI: 10.1002/smj.2504

Quigley, Timothy J./Hambrick, Donald C. (2015). Has the "CEO effect" increased in recent decades? A new explanation for the great rise in America's attention to corporate leaders. *Strategic Management Journal*, *36*(6), 821–830. DOI: 10.1002/smj.2258

Ratka, Thomas/Rauter, Roman/Völkl, Clemens (2011). *Unternehmens- und Gesellschaftsrecht* (Bd. 2). Wien: Manz.

Reinmoeller, Patrick (2004). The knowledge-based view of the firm and upper echelon theory: exploring the agency of TMT. *International Journal of Learning and Intellectual Capital*, *1*(1), 91. DOI: 10.1504/IJLIC.2004.004425

Schilling, Florian (2001). Corporate Governance in Germany: the move to shareholder value. *Corporate Governance: An International Review*, *9*(3), 148.

Scott, James/Stumpp, Margaret/Xu, Peter (2003). Overconfidence bias in international stock prices. *Journal of Portfolio Management*, *29*(2), 80–89.

Serfling, Matthew A. (2014). CEO age and the riskiness of corporate policies. *Journal of Corporate Finance, 25*, 251–273. DOI: 10.1016/j.jcorpfin.2013.12.013

Short, Helen/Keasey, Kevin (1999). Managerial ownership and the performance of firms: Evidence from the UK. *Journal of Corporate Finance, 5*(1), 79–101. DOI: 10.1016/S0929-1199(98)00016-9

Shrader, Charles B./Blackburn, Virginia B./Iles, Paul (1997). Women in management and firm financial performance: An exploratory study. *Journal of managerial issues*, 355–372.

Simsek, Zeki (2007). CEO Tenure and Organizational Performance: An Intervening Model. *Strategic Management Journal, 28*(6), 653–662.

Souder, David/Reilly, Greg/Bromiley, Philip/Mitchell, Scott (2016). A Behavioral Understanding of Investment Horizon and Firm Performance. *Organization Science, 27*(5), 1202–1218. DOI: 10.1287/orsc.2016.1088

Spiegel Online (2018). Anteil von Frauen in Vorständen steigt - homöopathisch. vom 9. Januar 2018.
http://www.spiegel.de/wirtschaft/unternehmen/frauen-in-vorstaenden-anteil-steigt-2017-aber-nur-ein-bisschen-a-1186923.html, abgerufen am 23. April 2018

Statistik Austria (2018, April 23). *Universitäten, Studium.*
https://www.statistik.at/web_de/statistiken/menschen_und_gesellschaft/bildung_und_kultur/formales_bildungswesen/universitaeten_studium/index.html, abgerufen am 27. April 2018

Statistisches Bundesamt (2017, Oktober). *Anzahl der Studierenden an deutschen Hochschulen in den 20 am stärksten besetzten Studienfächern im Wintersemester 2016/2017.*
https://de.statista.com/statistik/daten/studie/2140/umfrage/anzahl-der-deutschen-studenten-nach-studienfach/., abgerufen am 27. April 2018

Thorndike, William (2012). *The outsiders : eight unconventional CEOs and their radically rational blueprint for success.* Boston, Mass. : Harvard Business Review Press, ©2012.
https://search.library.wisc.edu/catalog/9910127184802121

Ting, Irene Wei Kiong/Azizan, Noor Azlinna Binti/Kweh, Qian Long (2015). Upper Echelon Theory Revisited: The Relationship between CEO Personal Characteristics and Financial Leverage Decision. *Procedia - Social and Behavioral Sciences*, *195*, 686–694. DOI: 10.1016/j.sbspro.2015.06.276

Tobin, James (1969). A General Equilibrium Approach To Monetary Theory. *Journal of Money, Credit and Banking*, *1*(1), 15. DOI: 10.2307/1991374

Unicepta, Medienanalyse GmbH (2017, April 25). *UNICEPTA CEO Image Ranking*. https://www.unicepta.com/en/about-unicepta/news-press/news-press-information/ceo-ranking-201701.html, abgerufen am 19. November 2017

van Veen, Kees/Elbertsen, Janine (2008). Governance Regimes and Nationality Diversity in Corporate Boards: A Comparative Study of Germany, the Netherlands and the United Kingdom. *Corporate Governance: An International Review*, *16*(5), 386–399. DOI: 10.1111/j.1467-8683.2008.00698.x

Virtanen, Aila (2012). Women on the boards of listed companies: Evidence from Finland. *Journal of Management & Governance*, *16*(4), 571–593. DOI: 10.1007/s10997-010-9164-z

Waldman, David A./Ramírez, Gabriel G./House, Robert J./Puranam, Phanish (2001). Does Leadership Matter? CEO Leadership Attributes and Profitability under Conditions of Perceived Environmental Uncertainty. *The Academy of Management Journal*, *44*(1), 134–143. DOI: 10.2307/3069341

Wang, Gang/Holmes, R. Michael/Oh, In-Sue/Zhu, Weichun (2016). Do CEOs Matter to Firm Strategic Actions and Firm Performance? A Meta-Analytic Investigation Based on Upper Echelons Theory. *Personnel Psychology*, *69*(4), 775–862.

Welge, Martin K./Eulerich, Marc (2014). *Corporate-Governance-Management*. Wiesbaden: Springer Fachmedien Wiesbaden. DOI: 10.1007/978-3-8349-4539-6, abgerufen am 11. März 2018

Yim, Soojin (2013). The acquisitiveness of youth: CEO age and acquisition behavior. *Journal of Financial Economics*, *108*(1), 250–273. DOI: 10.1016/j.jfineco.2012.11.003

Anhang

Anhang A: Deskriptivstatistiken

Tests of Normality

	Kolmogorov-Smirnov[a]			Shapiro-Wilk		
	Statistic	df	Sig.	Statistic	df	Sig.
CEO Alter	.066	156	.098	.987	156	.166
CEO Amtszeit	.151	156	.000	.847	156	.000
CEO Anteil	.342	156	.000	.622	156	.000
Gewichtete Performance	.086	156	.007	.975	156	.006
Anzahl der Mitarbeiter	.361	156	.000	.354	156	.000
Marktkapitalisierung	.352	156	.000	.386	156	.000
Return on Assets (ROA)	.217	156	.000	.748	156	.000
Tobins Q	.226	156	.000	.737	156	.000

a. Lilliefors Significance Correction

Tabelle 17: Normalverteilungs–Test

(Quelle: Eigene Darstellung)

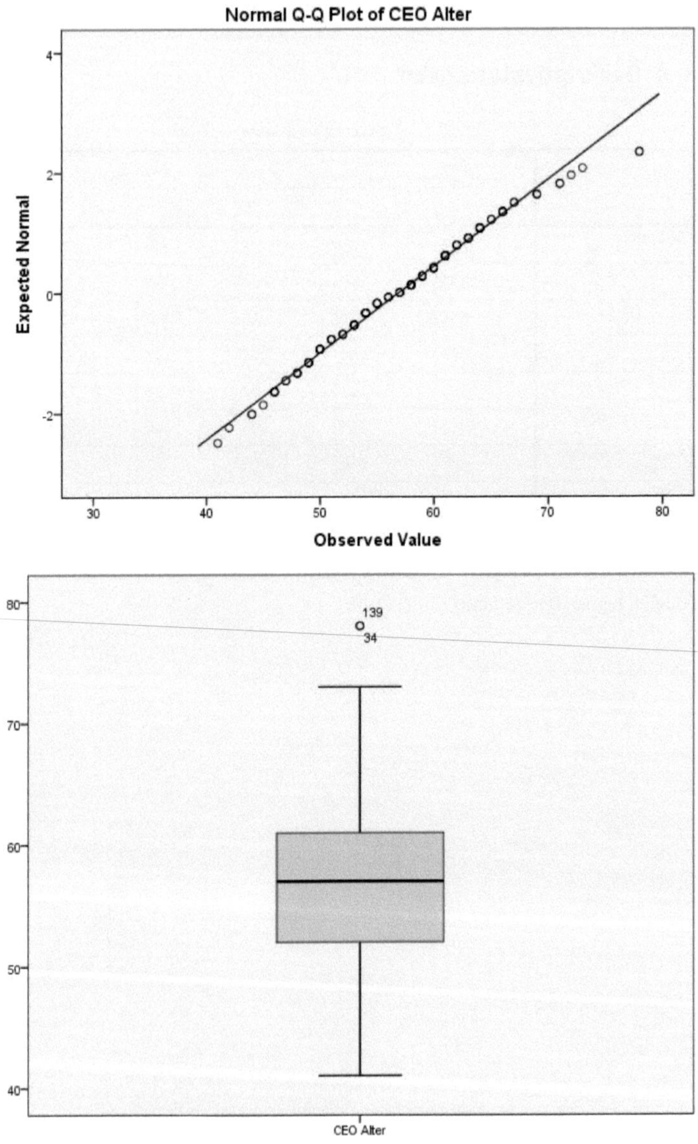

Abbildung 11: Normalverteilungs–Test CEO Alter

(Quelle: Eigene Darstellung)

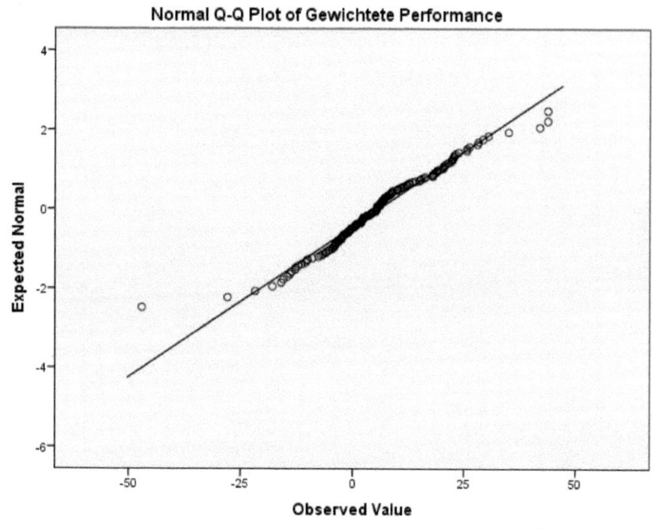

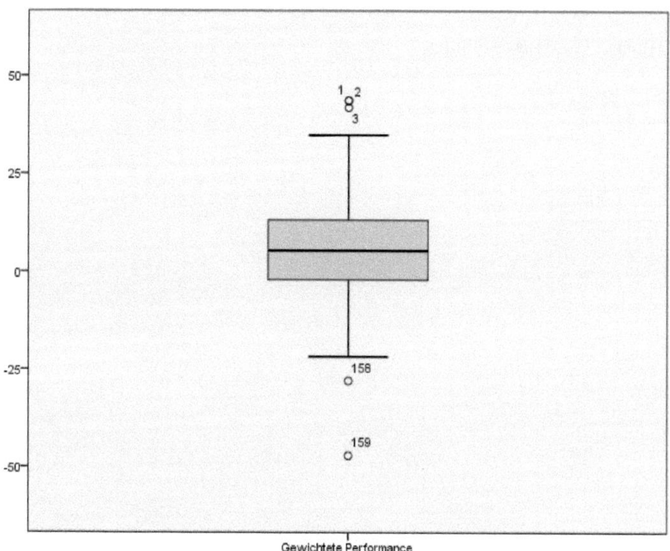

Abbildung 12: Normalverteilungs–Test Gewichtete Performance

(Quelle: Eigene Darstellung)

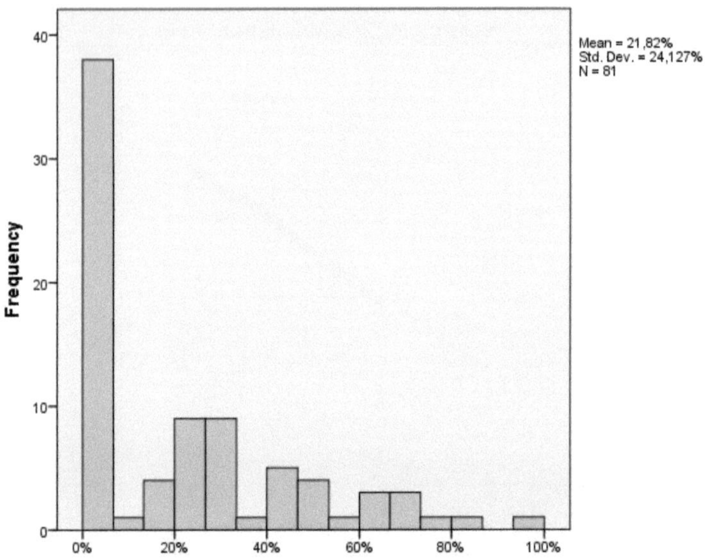

Abbildung 13: Normalverteilungs–Test CEO Anteil Höhe (ohne 0%)

(Quelle: Eigene Darstellung)